校企合作财经商贸专业系列丛书
互联网+创新型“十四五”精品教材

跨境电子商务美工

（微课版）

主　编◎常　苏　姜艳霞　孙寒冰
副主编◎杨　磊　孙玮铭　李春梅
　　　　李　江　郭廷强　孔丽娟

哈爾濱工程大学出版社
Harbin Engineering University Press

内 容 简 介

本书采用项目任务式体例，知识易懂、案例易学，在强调创意设计的同时，博采众长，帮助学习者举一反三。本书共六个项目，包括跨境电商视觉与美工设计、商品拍摄技巧及流程、Photoshop 图像美化、跨境电商页面设计、视频美工设计制作和移动端视觉设计制作。

本书可作为应用型本科院校、职业院校电子商务相关专业的教材，也可供电子商务美工设计师、广告设计师、平面设计师阅读参考。

图书在版编目（CIP）数据

跨境电子商务美工 ：微课版 / 常苏，姜艳霞，孙寒冰主编. -- 哈尔滨 ：哈尔滨工程大学出版社，2025. 8.

ISBN 978-7-5661-4829-2

Ⅰ. F713.36；TP393.092

中国国家版本馆 CIP 数据核字第 20251SL861 号

跨境电子商务美工（微课版）

KUAJING DIANZI SHANGWU MEIGONG（WEIKE BAN）

选题策划 张林峰

责任编辑 邹德萍

出版发行 哈尔滨工程大学出版社

社　　址 哈尔滨市南岗区南通大街 145 号

邮政编码 150001

电　　话 0451- 82519989

经　　销 新华书店

印　　刷 三河市中晟雅豪印务有限公司

开　　本 787 mm×1 092 mm 1/16

印　　张 13

字　　数 333 千字

版　　次 2025 年 8 月第 1 版

印　　次 2025 年 8 月第 1 次印刷

书　　号 ISBN 978-7-5661-4829-2

定　　价 49.80 元

http://www.hrbeupress.com

E-mail:heupress@hrbeu.edu.cn

前　言

党的二十大报告指出，“坚持尊重劳动、尊重知识、尊重人才、尊重创造，实施更加积极、更加开放、更加有效的人才政策”“着力形成人才国际竞争的比较优势。加快建设国家战略人才力量”“深化人才发展体制机制改革……把各方面优秀人才集聚到党和人民事业中来”。

在全球经济一体化与数字化浪潮交织的当下，跨境电子商务（简称跨境电商）已然成为国际贸易领域中较为活跃且极具潜力的力量。作为连接全球消费者与海量商品的桥梁，跨境电商平台的竞争越发激烈，而视觉呈现作为吸引消费者、传递品牌价值与促进交易的关键因素，其重要性不言而喻。在这一背景下，跨境电子商务美工肩负着重大使命，其设计的商品图片的表现力对店铺的流量和转化率起着至关重要的作用。本书特色如下。

（1）紧跟行业趋势。本书强调美工在跨境电商平台的激烈竞争中的关键作用，紧扣行业前沿动态，让学生了解到所学知识技能与当下行业需求紧密相连。

（2）知识技能全面覆盖。本书既涵盖基础视觉设计原理，如色彩搭配、版式布局、字体设计，又涵盖商品拍摄技巧、图片处理及后期制作，全方位传授跨境电商美工必备知识，构建完整知识体系。

（3）强调实践操作。本书通过大量实际案例分析以及课后实践，引导学生将理论知识转化为实际操作能力，切实掌握打造产品图片、详情页等各项技能，做到学以致用。

（4）创新教学形式。本书采用微课形式，精心录制与书中内容紧密结合的教学视频，以直观演示、详细讲解助力学生轻松学习复杂操作技巧，提升学习体验与效果。

本书由常苏（济宁职业技术学院），姜艳霞、孙寒冰（山东商务职业学院）担任主编；由杨磊、孙玮铭（湖南科技职业学院），李春梅、李江、郭廷强（成都光华技工学校），孔丽娟（菏泽工程技师学院）担任副主编。本书的相关资料和售后服务可扫封底微信二维码或登录 www.bjzzwh.com 下载获得。

编者在编写本书的过程中参考了大量资料，在此向这些资料的作者表示感谢。由于编者水平有限，书中难免存在不足之处，恳请广大读者批评指正并提出宝贵意见。

编　者

目　录 CONTENTS

项目一

跨境电商视觉与美工设计

项目导读

跨境电商视觉与美工设计是指在跨境电商领域，通过视觉元素和美工设计，增强产品展示效果，吸引潜在消费者，提升品牌形象和消费者的购物体验。这对于跨境电商企业来说至关重要，因为良好的视觉与美工设计可以增强消费者对产品的兴趣，提高购买转化率，从而提升企业业绩。

学习目标

知识目标

（1）了解跨境电商视觉营销的作用。

（2）了解跨境电商网店视觉设计的内容。

（3）了解美工设计的基本原则和方法。

技能目标

（1）能够熟练掌握跨境电商美工设计方法。

（2）能够根据商品特性和目标市场，设计跨境电商店铺，突出商品特点和吸引消费者注意。

素质目标

（1）培养学生的创意思维和审美能力，使其能够通过设计表达和传达品牌的价值与理念。

（2）培养学生的观察力和感知能力，使其能够捕捉到周围环境和消费者需求的变化。

（3）培养学生的团队合作和沟通能力，使其能够与商品、市场和销售等多个部门紧密合作，碰撞出更好的设计作品。

思政目标

（1）培养学生对美的理解和追求，使其通过美工设计表达社会价值观和文化自信。

（2）培养学生的责任感和社会责任意识，使其通过设计作品传递正能量和担负社会责任。

（3）培养学生的诚信和创新意识，使其能够遵守设计行业的职业道德规范。

（4）培养学生的可持续发展和环境保护意识，使其秉承绿色设计和可持续消费观念。

任务一　跨境电商视觉营销

视觉营销是一种通过视觉传达信息、吸引消费者、建立品牌形象和促进销售的营销策略和方法。它利用视觉元素和设计原则，通过各种媒体渠道，如广告、包装、展览、网站和社交媒体等，将产品、服务或品牌的价值和特点传达给目标受众。

一、视觉营销的重要性

视觉营销在当今竞争激烈的市场环境中扮演着重要的角色。视觉营销的重要性具体如下。

扫一扫

视觉营销

1. 吸引消费者注意力

人类是视觉动物，对于视觉刺激更为敏感。视觉营销通过精心设计的视觉元素和吸引人的图像，可以引起消费者的兴趣并吸引他们的注意力。视觉营销能够在瞬间吸引消费者的眼球，从而为品牌或产品建立起第一印象。

2. 建立品牌识别度

视觉营销有助于建立和提升品牌的识别度。一个独特且一致的视觉风格和标志可以使品牌在消费者心中留下深刻印象，并与品牌价值和特点联系在一起。当消费者能够立即识别出品牌时，他们才更有可能选择和信赖这个品牌。

3. 传达品牌价值和个性

视觉营销是传达品牌价值和个性的有效工具。其通过表达出与品牌相关的视觉元素、色彩、排版等，可以将品牌特点和核心价值传达给目标受众。这将帮助消费者更好地理解并与品牌产生共鸣，进而愿意选择品牌提供的产品或服务。

4. 促进销售和业务增长

吸引人的视觉营销可以激发消费者的购买欲望并增加销售机会。精美的产品展示、印象深刻的广告活动和易于导航的网站设计等，可以提供给消费者更好的购买体验，从而促进销售增长。

5. 营造用户良好体验

视觉营销也关注于为用户提供良好的体验。其通过精心设计的用户界面、直观的信息布局和令人愉悦的视觉效果，可以使用户在与品牌互动的过程中得到满足和愉快的体验。这有助于品牌建立良好的品牌关系和口碑，促使用户成为忠实的品牌支持者。

二、视觉营销在跨境电商中的应用

在跨境电商领域，视觉营销对于提高产品曝光率、塑造品牌形象以及建立品牌识别度具有重要作用。其具体应用包括以下几个方面。

1. 构建符合目标市场审美的视觉元素

各国的文化和审美标准不同，跨境电商需要针对不同目标市场设计符合当地审美的视觉元素。符合当地习俗和文化类别的广告和视觉元素可以有效提高产品的曝光率、促进销售和增强品牌影响力。

2. 运用各类视觉营销手段

跨境电商中，广告、微博、微信等社交网络成为视觉营销的主要渠道。除此之外，跨境电商企业推出海外营销网站，借助包装、展览会、直播和视频等多重媒介进行全方位营销。其通过精美的视觉设计，打造个性化的产品页面和适用于各种移动设备的网站及App，以强烈的视觉冲击让品牌更好地连接目标消费者，提升产品知名度和销售量。

3. 结合用户体验设计视觉元素

结合用户体验的研究是指以视觉设计为基础并不断优化设计方案，从而提高用户在网站上的交互和浏览体验。在网站页面上放置符合用户交互习惯以及购物习惯的流畅、清晰的视觉元素，让用户不仅因受到商品吸引而停留，也因在访问过程中得到充分的、个性化的需求服务而回头再度购物。

知识拓展

做视觉营销的必备技能

要在视觉营销领域取得成功，需要掌握以下关键技能。

1. 设计技能

理解色彩、布局、排版、字体选择和图像编辑等基本设计原则是至关重要的。具备设计技能，能够创造出有吸引力和影响力的视觉元素，包括广告、海报、标志、网站设计等。熟练使用设计工具如Photoshop等也是必不可少的。

2. 创意能力

要在竞争激烈的市场中脱颖而出，创意能力是至关重要的。能够打造新颖、独特和有吸引力的视觉元素，以及将品牌价值和信息融入其中的能力，将有助于吸引目标受众。

3. 市场洞察力

了解目标市场的品牌趋势、消费者偏好和行业动态非常重要。通过研究市场和目标受众，可以更好地设计和定位视觉营销策略，以提高其有效性并给人留下深刻的印象。

4. 沟通能力

在视觉营销中，与用户、同事和其他利益相关者之间的良好沟通至关重要。能够清晰地表达和传达创意想法、品牌价值和目标，以及倾听反馈并做出必要的调整，将有助于有效开展视觉营销活动。

5. 技术知识

熟悉数字技术和在线平台是必不可少的。了解网站设计、用户界面和用户体验原则，以及各种社交媒体和数字广告平台的运作方式，能够更好地将视觉营销策略转化为实际行动并评估效果。

6. 分析能力

视觉营销也需要做出由数据驱动的决策，需要分析和解读数据，评估不同策略和设计的效果，并根据数据做出调整，以优化活动和提高效果。

7. 时间管理和组织能力

视觉营销项目通常有严格的时间表和多个任务要处理。良好的时间管理和组织能力可以帮助提高效率，确保按时交付高质量的视觉营销材料。

任务二　跨境电商视觉设计

一、跨境电商视觉设计的内容

视觉设计是针对眼睛功能的主观形式的表现手段和结果，又称视觉传达设计，既传达给视觉观众，又传达给设计者本人。深入的视觉传达研究已经关注到视觉方方面面的感受，因此称其为视觉设计更加贴切。

就目前的设计状况分析，视觉设计的主要内容依然是平面设计。“视觉设计”“平面设计”两者所包含的设计范畴在现阶段并无大的差异，“视觉设计”“平面设计”在概念范畴上的区分与统一并不存在矛盾与对立。跨境电商视觉设计要素主要包括如下方面。

1. 文案内容

文案创作是一门很细腻的学问，就像说话的艺术，对于同一个道理，人们的表达方式有多种，可以娓娓道来，也可以直截了当。具体表现为以下几方面。

（1）互动性文案

文案的互动性越强，就越能引起用户的关注。

（2）情感性文案

当活动没有明确的如折扣或者全球首发之类的卖点时，可以使用一些情感性的、能够互动的文案来打动用户。

（3）品牌的有效性

知名度高的品牌的有效性明显，但是如果商品标识（Logo）已经够清楚了，就没有必要在内容里反复强调了。对于知名度低的商品，强调品牌不如强调其他参数和利益点有效果。

（4）易读性文案

描述简洁、字号较大、宽度适宜、阅读区域集中的文案更容易阅读。

2. 图片内容

在跨境电商视觉设计中，图片内容需要具有吸引力、清晰度高、与产品特性和品牌风格相匹配，同时需要考虑不同国家和地区的文化差异和用户喜好。具体需要注意以下几方面。

（1）场景与颜色

即使文案相同，图片不同也会造成转化率不同。

（2）模特与产品

对于用户熟悉的产品，大图效果更好；而对于用户不熟悉的产品，若能适当使用模特图，则能更好地让用户了解产品，如图 1–1 所示。

图 1-1　模特对睡眠眼罩的展示

（3）单品类与多品类

单品类的图片，其本身的吸引力更强，数量的影响并不那么重要。多品类的图片，其本身的吸引力不如单品类，图片的数量至关重要。

提示

好的海报有一些共性，如图文匹配、产品清晰等。图文匹配能够让用户有更好的购物体验，增强愉悦感。此外，颜色轻快、整体对比度高的图片更受用户欢迎。

在设计时要尽量避免图文不符、图文关系不明、图文的节奏感和空间感不强、折扣与价格不明确等问题，以减少不必要的损失。

二、跨境电商网店视觉设计方法

跨境电商网店的设计是为了提升销量而不是为了满足店主的审美要求，不是店主想怎样设计就怎样设计的。一个网店设计得再漂亮、功能再全，如果不能满足用户的需求，那么这个网店的设计就是失败的。店铺装修首先要满足用户也就是买家的需求，让买家以自己习惯的方式在店铺中畅快地选购，只有这样，才会促成最后的购买，并将买家变为自己店铺的常客，而且买家还可能成为店铺的一个忠实的宣传者。

1. 网店的设计

网店的设计要符合市场需求，页面要符合买家的使用习惯，整体符合运营规范。

（1）网店栏目的设计策划

相对于网店页面及功能规划，网店栏目规划的重要性更易被忽略。网店栏目规划与网店的成败有着非常直接的关系，网店栏目兼具以下两个功能，二者缺一不可。

① 提纲挈领，点题明义

网速越来越快，网络上的信息越来越丰富，浏览者却越来越缺乏浏览耐心。浏览者如果在 10 秒内找不到自己所需的信息，就会毫不客气地关掉网页。要想让浏览者停下匆忙的脚步，就要给他们网店内容的“提纲”，也就是网店栏目。

网店栏目规划其实就是对网店内容的高度提炼。文字再优美的图书，如果缺乏清晰的纲要和结构，恐怕也会淹没在书籍的海洋中。网店也是如此，不管网店的内容有多精彩，如果缺乏准确的栏目提炼，也难以引起买家的关注。

因此，网店栏目规划首先要做到提纲挈领、点题明义，用最简练的语言提炼出网店中每一个栏目的内容，清晰地告诉买家网店在卖什么、有哪些信息和功能。

② 指引迷途，清晰导航

网店的商品越多，买家就越容易迷失。除了“提纲”的作用之外，网店栏目还应该为买家提供清晰直观的导航指引，帮助买家方便地找到网店所有商品的页面。网店栏目的导航作用见表 1-1。

表 1-1　网店栏目的导航作用

分类	作用
店招（即店铺的招牌）上的固定分类导航	店招上的固定分类导航可以帮助买家快速找到所需的栏目。通常此类导航都是与店招捆绑在一起的，位置也会固定在网店的顶部，目的是让买家以最快的方式找到他们想要的商品
商品栏目导航	商品栏目导航也就是所谓的商品分类，分类越详细，越能让买家快速找到想要的商品
搜索类导航	对于店铺的老顾客而言，店招上的固定分类导航与商品栏目导航已经没有太大意义，老顾客进入店铺的目的就是以最直接的方式快速找到他们想要的商品，此时就可以通过店铺中“搜索店内商品”进行快速搜索，目的是节省时间，提升浏览效率

（2）网店页面的设计策划

网店页面是网店销售商品的最终表现层，也是买家访问网店的直接接触层。对网店页面设计的评估，最有发言权的当然是网店的买家，然而买家却无法明确地告诉店主他们想要的是什么样的网店页面，继续浏览或者马上离开网店是他们表达意见的最直接方法。优秀的网店策划者除了要听取团队中各个角色的意见之外，还要善于从买家的购买行为中捕捉买家的意见。

除此之外，网店策划者在做网页设计时需遵循的原则见表 1–2。

表 1-2　网店策划需遵循的原则

原则	设计方法
符合买家的心理特点	让买家在打开网店的一瞬间能直观地感受到网店所要传递的理念及特征，其可以通过页面色彩、图片、布局等来表现
符合买家的浏览习惯	要根据重要性对网店内容进行排序，让买家用最少的视线移动和鼠标移动找到所需信息
符合买家的使用习惯	根据网店买家的使用习惯，将买家最常使用的功能放在醒目的位置，以便于买家查找及使用
图文搭配、重点突出	买家对图片的认知程度往往高于对文字的认知程度，适当地使用图片可以提高买家的关注度。此外，确定页面的视觉焦点也很重要，过多的干扰元素会让买家不知所措
利于搜索引擎优化	多用文字及描述，以便于搜索引擎收录网店，让买家更容易找到自己所需内容

2. 网店页面功能元素布局设计

一个完整的网店页面是由各个功能元素组成的，每个元素都具有独特的功能。网店页面的主要功能元素有促销广告、商品分类、联系方式、店铺收藏、店铺公告、商品展示、商品排行和商品描述等。

（1）促销广告

在网店页面上把商品直观地展现给买家，并留出展示相应广告的区域，这也应该是最受买家关注的区域之一。促销广告如图 1–2 所示。

图 1-2　促销广告

（2）商品分类

如果网店中上传的商品过多，查看起来就会非常麻烦，此时如果将相同类型的商品归类后再进行查找就会变得十分轻松。网店中的商品分类就是为了让买家以最便捷的方式找到自己想买的商品，如图 1–3 所示。

图 1-3　商品分类

（3）联系方式

在店铺中添加联系方式可以让买家对浏览的店铺更加信任。联系方式可以按照店铺的设计类型放在合适的位置，也可以是单独的标准通栏，还可以随左侧或右侧促销广告一同出现。

（4）店铺收藏

在店铺中设置收藏按钮的意义在于引起买家的注意，吸引更多的人自愿收藏店铺。在设计与制作网店页面时要求收藏店铺的按钮醒目。

（5）店铺公告

如何才能让买家在浏览网店时知道本店的促销活动呢？最好的方式就是宣传。宣传的方式主要有 3 种：一是直接在页面右侧自定义区域键入文字，优点是内容醒目、直接，缺点是会影响整个店铺的装修设计；二是将促销文字与图片相结合，以图片的方式出现在自定义区域，优点是可以兼顾店铺的装修设计，缺点是更换图片不是很便利；三是以公告文字的形式动态地展示在自定义区域，优点是内容直观、醒目、替换方便，缺点是不够美观。最直观的宣传方式莫过于店铺公告了，如图 1–4 所示。

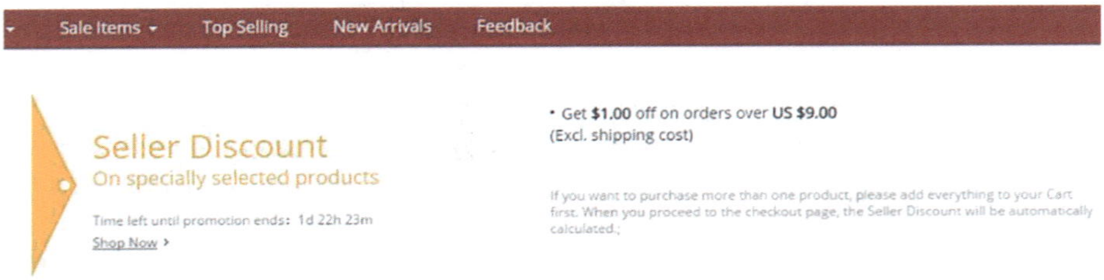

图 1-4　店铺公告

（6）商品展示

网店中出售的商品都会出现在商品展示区域。

（7）商品排行

在网店中添加计数功能，可以让店主十分轻松地了解买家的购买心理，或查看爆款商品的销售行情，以此来管理网店，做到心中有数。

（8）商品描述

商品描述模板通常是指包含商品描述在内的商品介绍页面，如图 1–5 所示。可以将其设计成一个模板，其他商品都可以使用这个模板展示。

在网店中，如果每种商品都有自己的一个描述样式，那么整个店铺看起来会非常不统一。为不同的商品制作一个通用的描述模板，就能使整个店铺看起来非常协调，让买家看着比较舒服。

图 1-5　商品描述

3. 版面布局设计

网店页面的设计主要体现在编排和布局上，虽然网店页面设计不如网页页面设计灵活，但是它们有许多相近之处，最终的目的都是在视觉上达到一个令人满意的效果，让买家一进入店铺就能被吸引。

（1）版面布局原则

网店页面版面布局就像传统的报刊版面布局一样，可以将网店页面看作一张报纸、一本杂志来进行排版布局。它们的基本原理是相通的，可以从中领会要点、举一反三。

版面布局就是以最适合买家浏览的方式将图片和文字摆放在页面上的不同位置。网店页面排版布局在设计时可以按照以下几个原则进行。

① 主次分明，中心突出

在设计网店页面布局时，必须考虑整个页面的视觉中心。大多数网店都会以促销广告为页面的第一视觉点，通常会将其放在页面的中心或中心偏上位置，在视觉中心以外的区域可以放置稍微次要的内容，这样页面中就会形成主次分明的效果。

② 图文搭配，相互照应

对于重点推销的商品，一般应制作一张促销广告放在版面上的显眼部位。如果只有一幅图片，会使广告看起来比较突兀，令买家不知道店主想要表达的内容；如果只用文字进行说明，则会让买家比较迷茫。此时要将图片和文字相结合，让人看得清晰，看得赏心悦目。

③ 控制好背景色彩

考虑到大多数人使用 256 色显示模式，因此一个页面中的色彩最好控制在 3 个色系以内，如果颜色太多，会让页面看起来主次不明。

④ 保持简洁性、一致性

保持简洁性的一种常用方法是使用醒目的标题。标题常常会采用图形表示，但图形同样要求简洁。此外，保持简洁性的另一种常用方法就是限制字体与颜色的数目。

要保持一致性，可以从页面的版式排列入手，如每个区域的文本、图形之间保持相同的间距，主要图形、标题或符号旁边留下相同的空白。

（2）页面内容的排版

网店页面内容的排版除了使用跨境电商平台本身提供的布局格式以外，更加细致的内容排版要依靠文字和图片。页面内容的排版如图 1-6 所示。

图 1-6　页面内容的排版

① 文字排版的作用

相较于图片，文字同样具有吸引力，在浏览一个网店的时候，能够直接吸引用户目光的有时并不是图片，而是文字。大多数通过偶然点击进入网店的用户是来寻觅相关信息的，因此，保证网店页面设计凸显出最重要的信息板块，是设计的首要原则。

② 图片排版的作用

买家通过图片可以直接看到商品的效果，因此在排版时应该对图片进行详细的设置，如为缩短买家在本网店浏览时的等待时间，一定要对图片的大小进行相应的控制，这样才能让买家以最快的速度浏览商品图片。

提示

在设计网店页面布局时需注意以下几点。

（1）从上到下，从左到右，内容按照重要性有序地展开。

（2）多数买家的目光会第一时间聚焦于页面的左上角，因此重要的内容应放在左上角。

（3）花哨的文字字体和颜色常常会被忽视。

（4）避免呈现大块的文本，简短的段落相对于长段落有更好的表现力。

（5）根据视觉锁定原理，一栏格式比多栏格式拥有更好的表现力。

（6）越大的图片越能吸引更多的注意力。

（7）干净、清晰的特写图片能吸引更多的注意力。

三、跨境电商视觉设计与美工设计的关系

跨境电商视觉设计和跨境电商美工设计在跨境电商中扮演着重要的角色，它们之间存在着密切的关系，具体如下。

1. 界面设计和布局

跨境电商视觉设计需要关注界面的布局，包括功能区域的安排、商品展示的方式、导航和搜索栏的设计等。而跨境电商美工则负责根据视觉设计要求，以创造性的方式设计出吸引人的界面布局，提高用户在网店中的浏览和购买体验。

2. 图片和媒体素材处理

网店需要展示商品图片、品牌推广图片、广告横幅等。美工会负责处理和编辑这些图片和媒体素材，以确保它们的质量、清晰度和符合品牌形象的要求。

3. 品牌形象和一致性

网店的视觉设计需要传达品牌形象和一致性，以提高品牌识别度和用户信任感。美工将品牌要求转化为可视化的设计元素，确保在整个网店中传达一致的品牌形象，以建立品牌的声誉和提升用户忠诚度。

4. 用户体验优化

视觉设计和美工设计在跨境电商网店中致力于提供优化的用户体验。它们会考虑用户界面的易用性、导航的直观性、页面加载速度等方面，以提供无缝且令人愉悦的购物体验，提升用户满意度和转化率。

5. 移动端优化

跨境电商网店需要优化移动端的展示效果，以满足越来越多的移动设备用户的需求。视觉设计和美工设计会根据不同设备的屏幕尺寸和特点，进行响应式设计和移动端优化，确保在各种设备上都能提供良好的视觉感受和用户体验。

总之，跨境电商网店的视觉设计和美工设计密切合作，共同努力，创造出吸引人的界面布局、处理好图片和媒体素材、传达品牌形象和一致性、提供优化的用户体验，并在移动端展示时进行优化，为用户提供愉悦的购物体验，进而提高网店的转化率和用户忠诚度。

任务三　跨境电商美工设计原则

在现实生活中发现，有些人在修图技巧上表现得相当出色，然而他们所设计的作品在美感、重点突出以及商品、文案与版面的自然融合方面却存在不足。美国的罗宾·威廉姆斯针对这些问题，总结出了设计领域中最基本且至关重要的 4 个原则，即亲密性、对齐、重复和对比原则。这些设计原则在日常生活中普遍存在，而且每一个优秀的设计作品都充分运用了这些原则。

一、亲密性原则

俗话说：“物以类聚，人以群分。”亲密性是指将逻辑上存在关联的元素排列组合在一起，归为一组，使其被看作密切相关的整体，而不是一堆杂乱无章的元素。运用亲密性原则，有助于组织信息，为用户提供清晰的结构。

例如图 1–7 和图 1–8，很明显，图 1–8 通过归类，将菜品分为不同的类型，使用户能快速获取信息。

图 1-7　未归类的菜单

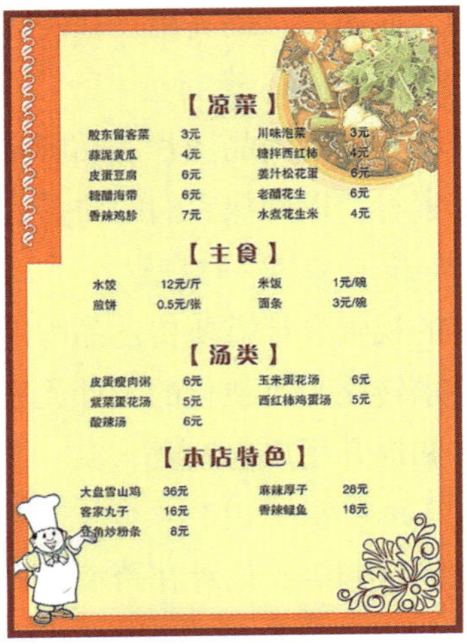

图 1-8　归类的菜单

要想达到亲密性这一目的，首先需要对元素进行归类组合，将页面中出现的元素按某种逻辑进行划分。其次，对于同一组合内的元素在物理位置上赋予更近的距离，使它们相互靠近，形成一个视觉单元，而无关的要素则彼此分开。

图 1–9 所示的名片的布局中，设计者将相关的元素分在一组，使它们建立更亲密的关系，达到分类放置、适当留白的效果，减少了混乱，增强了可读性。

图 1-9　运用亲密性原则设计的名片

二、对齐原则

对齐原则是指任何元素不能在页面上随便摆放，每个元素应当与页面中的另一个元素存在某种视觉联系，要在元素之间建立视觉纽带。

如果页面上的元素是对齐的，就会得到一个内聚的单元。即使对齐元素的物理位置离得很远，但会有一条看不见的线把它们连在一起。

对齐的根本目的是使页面统一而有条理。人们的眼睛喜欢看到有序的事物，这不仅会让人平静，也有助于表达信息。

任何元素都要在页面上找出与之对齐的元素，在这些元素之间确定一条明确的对齐线，并坚持以它为基准。

对齐的方式可分为左对齐、右对齐、居中对齐和两端对齐。

例如，图 1–10 所示的名片效果中，采用左对齐方式进行处理后，里面的信息立刻就变得有条理了。尽管这是一条看不见的线，但它为这些信息提供了一个共同的边界，这个边界把它们联系在了一起。

图 1–11 所示是常见的海报，通过左对齐，所有的文案自然而然地串到了一起，这样的案例在电商海报设计中比比皆是。

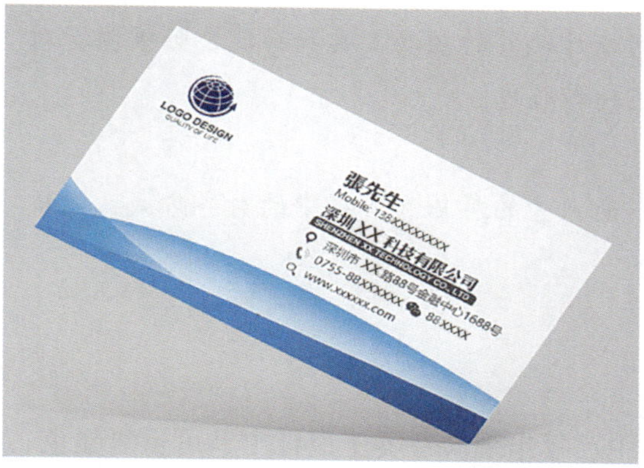

图 1-10　运用对齐原则设计的名片效果

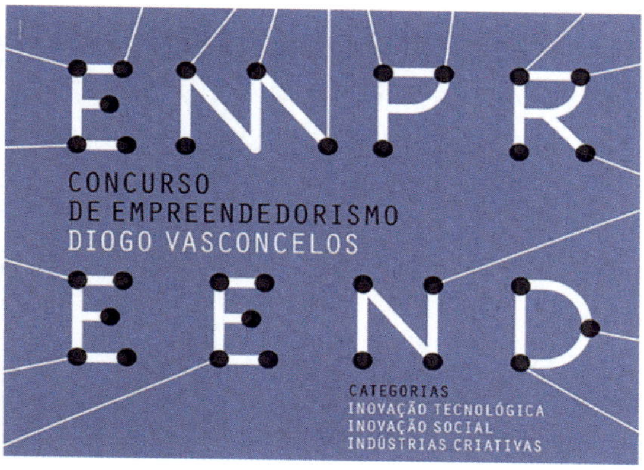

图 1-11　运用对齐原则设计的海报效果

在应用对齐原则时，应坚持采用单一的文本对齐方式，以避免在同一个页面上混合使用多种文本对齐方式。例如，所有的文本应当左对齐，或者右对齐，或者居中对齐。通过这样的方式，不同的元素组合将呈现出一种视觉上的连贯性，从而增强页面的整体效果。

知识拓展

美工设计中对齐原则的使用建议

对齐原则在美工设计中是一项非常重要的设计原则，它能够帮助组织和整合设计元素，提升作品的统一性、稳定性和可读性。以下是一些在使用对齐原则时的建议。

1. 一致性

对齐方式应该保持一致，即使在设计中使用不同的元素和布局，也应该保持统一的对齐方式。这样可以形成整体的设计风格，提高作品的专业性和可识别性。

2. 对齐参考线

可使用参考线来辅助对齐，这有助于确保元素的位置准确且严谨。可以在设计软件中设置参考线，或者使用网格系统等辅助工具来帮助对齐。

3. 重要元素的对齐

对于重要的设计元素，如标题、主视觉、重点信息等，应该进行准确的对齐，以突出其重要性并传达设计意图。

4. 边距保持一致

对齐不仅仅是控制元素之间的位置关系，还需要使元素之间保持适当的边距。确保元素之间的边距一致，可以避免视觉上的混乱和拥挤感。

5. 整体与局部对齐

除了考虑元素之间的对齐，还要考虑整体与局部之间的对齐。设计作品应该在整体上保持平衡和一致，而局部的元素也应该在自己的局部范围内对齐。

6. 注意精确性

设计中的对齐应该尽可能精确。可以使用设计软件的辅助工具和功能，如吸附、对齐线、对齐工具等，来确保元素的位置和间距的精确度。

7. 考虑响应式布局

在进行响应式设计时，需要考虑元素在不同尺寸的屏幕和布局中的对齐方式，以确保其在不同设备上都能保持良好的对齐效果。

三、重复原则

重复是指具有相同属性的元素在整个作品中反复出现。在美工设计中，可重复颜色、形状、空间关系、字体、大小等。

图 1-12　重复原则的使用

在日常工作中，人们经常使用重复原则，例如，文本编辑时将所有标题都设置为相同的大小和粗细，在每一页的底部都增加一条线，项目中的每个列表都使用相同的符号等。如图 1–12 所示的海报图案，使用的便是设计中的重复原则。

重复原则在商标设计中经常使用，如图 1–13 所示的华为商标，有规律重复的花瓣使用的便是设计中的重复原则。

图 1-13　华为商标

跨境电商美工在页面设计中经常使用重复原则。通过重复，作品风格更为一致，画面表现统一而完整，阅读也更加轻松。但要避免过多地重复一个元素，太多的重复会让人反感。

四、对比原则

如果使用亲密性、对齐和重复原则是为了实现组织性，使画面统一有序，那么对比原则的出现就是为了打破单调，通过强调突出视觉重点，吸引浏览者关注。

对比是指为避免页面上的元素太过相似，而以截然不同的方式呈现页面上的元素，以达到吸引浏览者的效果。

如果一个页面中的文本采用的都是同样的字体、同样的字号、同样的颜色，浏览者便不能轻易区分出哪里是标题、哪里是正文内容。所以在通常情况下，设计师会使用对比原则。

通过对比，一方面可以增强页面视觉效果，强调视觉重点；另一方面可以让信息层级更清晰，自然地引导浏览者的视线。

对比包括：大字体与小字体的对比、粗线与细线的对比、冷色与暖色的对比、平滑材质与粗糙材质的对比、间隔很宽的文本行与紧凑的文本行的对比、大图片与小图片的对比等。

对标题采用加大字号、改变字体、更换颜色等方式进行处理，以使其区别于正文内容，这就是对比原则的一个表现，如图 1–14 所示。

图 1-14　对比原则的使用

在设计过程中，对比必须强烈，但同时需要注意保持适度的对比度，以免过于强烈的对比导致浏览者忽略了页面中相对较弱的元素。此外，亲密性、对齐、重复和对比这 4 个设计原则是相互关联的，很少有单独使用某个原则的情况。

案例导入

对比原则的使用

某跨境电商公司名片的主标题是“杭州 ×× 设计创意有限公司”，副标题为“创新领先”，主副标题实现对比效果的方法如下。

（1）如图 1–15 所示，主标题放大，副标题缩小，这种对比，属于字体大小的对比，是最简单的对比。

（2）如图 1–16 所示，字体、颜色发生了变化，字体大小做了调整，属于较明显的对比。

图 1-15　字体大小的对比

图 1-16　字体颜色和大小的对比

（3）如图 1-17 所示，为主标题加上背景，形成了一种空间的对比，使得主副标题的对比更加突出。此外还有疏密对比、动静对比等。

没有对比的页面设计，在浏览者的眼里就如平静的海面，视线可及之处没有一个焦点。出现了对比，则意味着在平静的海面上出现了一个像小岛一样可以吸引视线的焦点，突出了视觉重点。

图 1-17　空间对比

任务四　跨境电商美工设计方法

作为一名跨境电商美工，除了要熟练掌握软件的操作之外，更重要的是要学会如何设计。有些美工由于缺乏设计理念，虽然有很好的技术，但设计出来的东西给人感觉很廉价，缺乏品牌感。

设计是跨境电商美工必不可少的学习内容，包括配色设计、构图设计、字体设计等。

色彩是影响美感、视觉冲击力和艺术感染力的关键因素，在电商美工设计中扮演着重要的角色，配色设计甚至关系到商品的访问量和品牌的认知度。

构图设计在日常摄影和电商海报设计中都有广泛的应用。优秀的构图不仅能创造舒适整齐的页面结构，还能表现出作品的主题思想。例如，常用九宫格构图把关键内容置于交叉点的位置。

字体是文字的风格样式，也是表现文化的载体，不同的字体给人的感觉也不同。优秀的字体设计可以突出文案，使文案更具表现力。

一、配色设计

配色设计是跨境电商美工设计中的重要组成之一，能否成功进行色彩的搭配，将直接影响店铺的美感和视觉冲击力，甚至关系到商品的访问量和品牌的认知度。

1. 色彩的基本属性

（1）色彩的分类

如果把色彩进行分类，那么可以将其划分为有彩色系和无彩色系这两大类。在生活中见到的所有颜色，如红、橙、黄、绿、蓝、靛、紫等颜色，都属于有彩色系的范畴。也就是说，可见光谱上的全部色彩都从属于有彩色系。相对于比较复杂的有彩色系而言，无彩色系则是由黑色、白色和用黑白色调和形成的各种深浅不同的灰色组成的。

① 有彩色系

可见光谱中的全部色彩都从属于有彩色系，它们是在自然界中真实存在的颜色，以红、橙、黄、绿、蓝、靛、紫等基本色构成。不同量的基本色混合，以及不同量的基本色与黑、白、灰混合，产生了成千上万种颜色，构成了有色彩的世界，如图 1–18 所示。有彩色的有彩属性，使我们生活的世界五颜六色，充满情趣。在关于色彩的学习中，本书主要讨论的是有彩色之间的各种关系。

② 无彩色系

无彩色系指黑色、白色及用黑白色调和形成的各种深浅不同的灰色。无彩色按照一定的变化规律，可以排成一个明度色标，一端为白色，一端为黑色，中间为各种过渡的中性灰色。从物理学角度来看，黑色、白色和灰色均不包含在可见光谱中，所以从本质上说，这三者均不在色彩的范畴内；而从心理学角度来看，黑色、白色和灰色又有着独特的色彩属性和感觉，所以心理学上将它们充分拟人化，并赋予它们独特的性格特点，称之为无彩色。

无彩色的无彩属性对美术作品的效果具有很大帮助，如白色可以给画面带来一种空隙感和清透感；黑色的后退性使其更能突出画面的视觉中心；而灰色则可以衔接多种颜色，从而使对比强烈的几种颜色能自然地进行过渡。

无彩色由于没有艳丽的颜色，因此在颜色表现方面较为沉稳和单调，如图 1–19 所示。

图 1-18　有彩色系设计

图 1-19　无彩色系设计

（2）色彩的三要素

色彩的三要素是指色相、明度和纯度这 3 个特性，任何有彩色都能用这 3 个特性来描述，人眼看到的任一彩色光都是这 3 个特性的综合效果，其中色相与光波的波长有直接关系，明度和纯度与光波的幅度有关。明度高的色彩有向前的感觉，明度低的色彩有后退的感觉。

色彩的三要素是描述一个色彩时经常要用到的，比如说花瓶里插了一朵红色的花，实际上可能只说了其色相。如果再仔细一点，说花瓶里插了一朵浅红色的花，这里的“浅”其实就说到了其深浅，即明度。如果说花瓶里插了一朵艳红色的花，则是从纯度的角度来叙述的。

① 色相

色相是指色彩的具体相貌，也是色彩的名称，是色彩最显著的特征。在可见光谱上，人的视觉能感受到红、橙、黄、绿、青、紫这些具有不同特征的色彩，人们给这些可以相互区别的色彩定出名称，当称呼其中某一色彩的名称时，就会有一个特定的色彩印象，这就是色相的概念来源。色相体现着色彩的外在性格，是色彩的灵魂，如图 1-20 所示。

图 1-20　不同色相的色彩

从物理学上讲，一种色相对应着一个波长的单色光。对复色来说，每个色相对应着一个主波长。色相是由刺激人视觉器官的光谱成分决定的：色彩主波长相同，色相便相同；主波长不同，色相便不同。所以色相一般取决于颜色的光谱组成，它表示了彩色性质上的差别，而没有数量大小的差别。

色相是色彩之间除去明暗、浓淡以外的差别。比如一种主波长为 550 nm 的绿色，如果在其中加入不等量的白色或黑色，虽然它的色彩亮度发生了变化，但是由于其主波长未变，所以这些色彩仍属于同一个色相。

需要注意的是，中性灰没有色相，属于无色相色彩。

在色彩的三要素中，色相是最好判断和区分的，也是普通人在生活中最容易区分的。通常说的绿叶、红旗、橘色实际上就是从色相角度去描述的。

② 明度

明度是指色彩的明亮程度。物体表面反射的光因波长不同，会呈现出各种色相，而由于反射同一波长的光量有所不同，颜色的深浅就有了差别。所以明度有两种含义：一是指同一色相受光后，由于物体受光的强弱不一，产生了各种不同的明暗层次；二是指色彩本身的明度。

不同色相的色彩具有不同的明度，其中黄色明度最高，紫色明度最低，绿、红、蓝、橙的明度相近，为中间明度。同一色相的明度中还存在深浅的变化，如绿色中由浅到深有粉绿、淡绿、翠绿等。

同一色相正是由于明度的差别而具有了不同的色彩，也同样由于色彩的明暗不同，才显示出画面的层次感和立体感。比如同样是红色，有明红、浅红和深红之分。在各种颜料中，白颜料是反射率极高的物质，黑颜料是反射率极低的物质。如果在其他颜料中加入白色，可以提高混合色的明度；加入黑色，可以降低混合色的明度。如图 1-21（a）所示，24 色相环原色由外到内加入渐多白色，明度逐渐变大；如图 1-21（b）所示，由外到内加入渐多黑色，明度逐渐减小。

（a）

（b）

图 1-21　明度渐变

明度在色彩的三要素中具有较强的独立性，它可以不带任何色相的特征而通过黑、白、灰的关系单独呈现出来，而色相与纯度则必须依赖于一定的明暗关系才能显现，色彩一旦产生，明暗关系就会同时出现。

③ 纯度

纯度，又称饱和度或彩度，是指色彩的纯洁性（纯度）或鲜艳程度。从科学的角度看，一种色彩的纯度取决于这一色彩能够发射光的单一程度，越单一鲜艳的色彩越容易被人的视觉识别和辨认。自然界中有色相感的色彩，都具有一定程度的纯度。

纯色是指组成成分最单纯、最鲜艳的色彩。越不纯的色彩，其组成的成分越复杂，混合次数越多，色相感也越不明显。因此三原色纯度最高，间色次之，复色纯度最低。纯度最高的颜料是红色，纯度最低的颜料是蓝绿色。

纯度可以用来衡量有彩色与无彩色之间差异的程度。有彩色具有纯度的属性，无彩色没有纯度的属性，因为无彩色没有色相。越靠近纯色的色彩，其鲜艳程度越高，称为高纯度色彩；越靠近无彩色的色彩，越混浊，其纯度越低，称为低纯度色彩；居于其中的就是中纯度色彩。图 1–22 所示是 24 色相环原色中同时加入中性灰后的纯度变化。

图 1-22　纯度渐变

色彩的纯度与呈色物体的表面结构有关，如果呈色物体表面光滑，表面反射光的主反射面上光线耀眼，色彩纯度就高。如果呈色物体表面较粗糙，其表面的光呈漫反射，在任何方向上都有白光的反射，就降低了色彩的纯度。

④ 色彩三要素的相互关系

对于有彩色系，色彩的三要素是一种互为共生的关系，即三要素中的任何一个要素的改变，都将影响原来色的面貌。因此在色彩应用中，它们是同时存在、不可分割的整体。

在某一色彩中加入白色可以提高明度，加入黑色会降低明度。在明度变化的同时，色彩的纯度也发生了变化。加入白色或黑色，使色彩的纯度降低，加入量越大，纯度降低得越多。

色彩的色相、明度和饱和度只有在适当亮度情况下才能充分表现出来。在亮度极高或极低时，都不可能完全表现。在极亮的条件下，人眼接受刺激的能力达到了极限，便会产生耀眼的感觉，这时对色彩的一切属性都难以辨认。只有在亮度适中时，色相和纯度才具有真正的意义。

用色彩的三要素即色相、明度、纯度来描述的色彩视觉，可以通过双锥形立体模型来表示，由于有 3 个分量，故模型是三维的，可称之为色彩空间或颜色立体，如图 1-23 所示，这个颜色立体可以非常形象地描述色彩各个属性之间的关系。

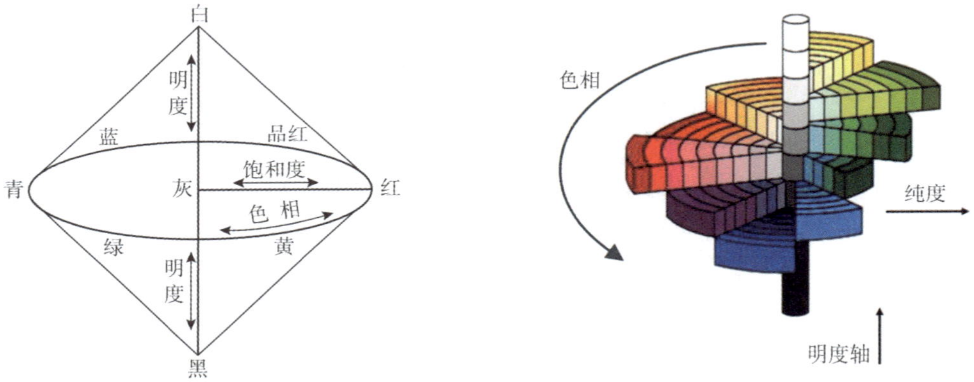

图 1-23　色彩三要素立体模型

2. 色彩的情感

色彩是一种物理现象，它本身并不具备表情、性格，只有靠人的知觉才能传达情感，不同的色彩有不同的感觉效应。同样一种色彩，经由视觉传到人脑，会因人的个性、接受的时间、生理状况、情绪反差而产生差异。

人们能感受到的色彩表情，是人们生活经验积累的结果，无论是有彩色还是无彩色，都有自己的表情及性格特征。

（1）红色

红色是可见光谱中波长最长的色彩，空间穿透能力强，对视觉的影响最大。红色是热烈、冲动的色彩，极易使人兴奋、情绪高涨，有积极向上、充满活力、奔放、健康的感觉，如图 1-24 所示。

在红色的感染下，人们会产生强烈的意志和冲动。红色象征着喜庆，自古以来，逢年过节、婚嫁喜事，无不用大红的颜色来体现节庆、喜事的热烈，内心的喜悦也从红红的喜气当中散发出来。中国传统文化还多用红色表示女子，如红装、红颜、红袖等。

当红色加白色变为粉红色时，代表着温柔和含蓄，是温和中庸之色。较之红色的狂热，粉红色更具柔情之感，是少女之色。

当红色加黑色、蓝色变为深红色或紫红色时，代表稳重、庄严、神圣，如舞台的幕布、会客厅的地毯大多选择此类色彩。而在西方国家，由于民族、文化的不同，深红色又是嫉妒、暴虐的象征。

图 1-24　红色

在安全用色中，红色是停止、警告、危险、防火的指定色，如消防车的色彩、急救的红十字、交通停止信号、警车的警灯等。

红色的具体物象：信号灯、红旗、血、火、太阳、红花。

红色的象征寓意：革命、勇敢、热情、吉祥、喜庆、危险。

（2）橙色

在可见光谱中，橙色的波长仅次于红色，明度仅次于黄色，因此橙色具有红、黄两色之间的特征，是色彩中最鲜亮、最温暖的，是具有欢快活跃性格的光辉色彩，如图 1–25 所示。

图 1-25　橙色

橙色是丰收之色，它使人联想到硕果累累的金秋，给人以充实、饱满和成熟的感觉。

橙色又有很强的食欲感，它与蛋黄、糕点、果冻等的色彩相似，因此会使人联想到美味的食品，在快餐店和食品包装中被广泛应用。

橙色还富有南国情调，由于东南亚地区天气炎热，人们的皮肤比较黑，用鲜亮的橙色服装相衬，显得开朗、热情。因此橙色特别适宜作为郊游装和海滩装的颜色。

由于橙色易见度高，因此在工业用色中，又可作为警戒的指定色，如火车头、登山服装、背包、救生衣等，飞机上的黑匣子也使用了橙色。

纯橙色加白色淡化为淡橙色，呈现出细腻、温馨、香甜等令人舒心惬意的色彩意味；同时，在宁静的室内还可以产生温暖祥和的气氛。纯橙色加黑色则变成深橙色，它会衰退为代表悲哀、沉着、拘谨、缄默的色彩。如果在橙色中加入灰色则形成浊橙色，它象征着灰心、衰败、堕落等消极的精神状态。

橙色的具体物象：橘子、柿子、南瓜、灯光、光焰、晚霞、黑匣子。

橙色的象征寓意：快乐、力量、成熟、收获、健康、明朗、警戒。

（3）黄色

黄色是三原色之一，具有很高的纯度和亮度，因此，尽管在可见光谱中它的波长处于中间位置，但光感却是最亮的，如图 1–26 所示。

图 1-26　黄色

在日常生活中，明亮的黄色是阳光的象征，具有光明、希望的含义，给人以明亮、辉煌、灿烂的感觉。

在自然界中，蜡梅、迎春、秋菊、油茶花、向日葵等植物大量地呈现出美丽娇嫩的黄色；秋收的五谷、水果，以其精美的黄色，在视觉上给人以美的享受。黄色代表着性格上的欢快，愉悦，是富有正能量的色彩。

黄色是代表温暖、灿烂、丰收和希望的色彩。中国古代从宋朝开始，明黄色便是皇帝的专用颜色，如“以黄为贵”。黄色是黄金的颜色，因此也有财富的含义。虽然黄色是最亮的色彩，但又是色性最不稳定的色彩，在黄色中加入少许黑、蓝、紫等色，就会使其立即失去本来的光辉。

黄色的具体物象：阳光、柠檬、香蕉、黄金、泥土、黄色信号灯。

黄色的象征寓意：光明、希望、权威、财富、骄傲、高贵、警示。

（4）绿色

由于人类世代生息于绿色植被环抱的大自然之中，所以绿色是我们最熟悉和喜欢的颜色。绿色是清新、健康、希望、生命的象征，给人以安全、平静、舒适之感，如图 1–27 所示。

图 1-27　绿色

绿色是植物的颜色，在中国文化中还有生命的含义，可代表自然、生态、环保等，如绿色食品。绿色因为与春天有关，所以象征着青春，也象征着欣欣向荣。

绿色中加入白色就变成了浅绿色，展现出清淡、宁静、凉爽、舒畅的感觉。绿色中加入少量灰色，就会变成具有悲伤衰退之感的灰绿色，它还蕴含了颓废、灰心、悲伤、迷惑、庸俗的意味。

绿色的具体物象：黄瓜、邮筒、树叶、草地、森林、绿色信号灯。

绿色的象征寓意：生命、和平、希望、安全、成长、青春。

（5）蓝色

蓝色是三原色之一，给人的感觉既纯正又高贵。由于广阔的天空和浩瀚的海洋都呈现出蓝色，所以人们对这种熟悉的色彩有着无限的幻想与憧憬。蓝色代表的往往是神秘的地方，如宇宙和深海，古代的人们认为那是天神水怪的住所。现代人把它作为科学探索的领域，因此蓝色就成为现代科学的象征色，如图 1–28 所示。

图 1-28 蓝色

在人们的心目中，高饱和度的蓝色代表辽阔、深远、理智、博大、精深、真理、科技、信仰、纯真、尊严、保守、冷酷等。在现代装潢设计中，蓝与白表示寒冷，因此成为冷冻食品的标志色。

蓝色的具体物象：大海、宇宙、湖水、天空。

蓝色的象征寓意：永恒、稳重、冷静、理性、科技。

（6）紫色

紫色在可见光谱中波长最短。在色相环中，紫色是一种暗淡的色彩，其明视度和注目性最弱，如图 1–29 所示。

图 1-29 紫色

紫色是大自然中比较稀少的颜色，可能是因为物以稀为贵，所以紫色代表了一种高贵、神秘的气质。在中国古代有“紫气东来”、“紫云”（祥云）、“紫宫”、“紫禁城”（古代皇帝居所）等象征吉祥和等级等含义的词汇。

不同亮度和纯度的紫色具有不同的含义。亮度较高的淡紫色，是一种可爱、浪漫、优美、梦幻、妩媚、羞涩、清秀、含蓄、芳香的色彩，时常被用来形容热恋中的情侣，在女性的化妆品、香水、内衣等中也较为常见。

当紫色偏向红色而呈红紫色时，就会给人一种开放、甜美、娇艳、大胆的心理感受。

当紫色倾向于蓝色并呈现蓝紫色时，会传达出严厉、恐怖、珍贵、孤寂的精神含义。

当紫色被暗化为深紫色时，具有高贵、神秘、虚假、灾难、深思等色彩含义。

紫色中加入灰色就会变成浊紫色，代表厌恶、迷茫、颓废、消极、忏悔、腐朽、堕落等精神状态。

紫色的具体物象：紫丁香、紫藤、薰衣草、葡萄、茄子、紫罗兰。

紫色的象征寓意：优雅、高贵、梦幻、神秘。

（7）黑色

黑色吸收所有的色光，完全不反射光线，是最深暗的色。黑色明度最低，具有厚实、稳重的感觉，给人一种既庄重又高贵的印象。黑色能表现出一种刚毅、力量和勇敢的精神，具有男性的坚实、刚强、威力的性格意象，能体现男性的庄重、沉稳、渊博、肃穆的仪表和气质，如图 1-30 所示。

图 1-30　黑色

因为黑色属于消极色，通常会让人联想到夜晚、死亡、罪恶、阴谋、肮脏、恐怖、严酷、神秘等，所以会给人以黑暗、悲伤、恐惧等感觉。若是大面积地使用黑色，会让人感觉阴沉、恐怖与不安。

黑色与其他颜色组合时，主要起衬托作用，使其他颜色看起来更明亮。

黑色的具体物象：头发、墨汁、暗夜、煤炭、石油。

黑色的象征寓意：肃穆、死亡、庄重、坚实、刚强。

（8）白色

白色是由全部可见光均匀混合而成的，因此称为全色光，是阳光之色和光明之色。

物象之所以呈现白色，是因为在正常光线下它的反射率高并反射全色光。人们夏天穿的白色衣服可以反光，让人感到凉快。

白色具有最高的色彩明度，是改变有彩色系明度和纯度的重要因素，极大地丰富了色彩的表现层次和视觉效果，可以使物体产生膨胀感，如图 1-31 所示。

就色彩应用而言，白色性格最为含蓄。如用它作为背景色，可使主体色显得格外纯净、美丽、个性强烈，并能很好地衬托其他色彩。

图 1-31　白色

白色具有清白、正直、忠贞、光明、凉爽、单薄、轻盈、神圣、纯洁、无瑕、单纯、一尘不染、脱俗等含义，但也是诸如空虚、缥缈、投降等象征。

白色的具体物象：白衣天使、面粉、雪景、白云、婚纱、白兔。

白色的象征寓意：纯洁、神圣、清洁、光明。

（9）灰色

灰色本身是缺乏个性的无彩色，从色彩成分来看，纯的灰色是由黑、白两色相混而成的。灰色是中性色，适合与任何色相配合，如图 1–32 所示。

在汉语中，“灰”字的本义为物质燃烧后的残留物，所以人们习惯于把灰色看成光明向黑暗的转换，而非黑暗向光明的转换。人在试图逃避现实或内心空虚时流露出的往往是灰色情绪。

图 1-32　灰色

灰色是设计和绘画中重要的配色元素。浅灰色类似于白色，有高雅、明快的感觉。深灰色类似于黑色，有沉稳、内敛、厚重的感觉。

经典的灰调，称为高级灰，渗透着有些压抑的美感，给人以内敛、静谧之感，非常符合人们对于现代审美的追求。

高级灰的时尚感是与生俱来的，时而沉稳大气，时而神秘优雅，明度适中，视觉上更趋于沉稳、自然，情绪上则给人一种安定的力量。

灰色的具体物象：乌云、阴天、雾霾、水泥、老鼠。

灰色的象征寓意：谦逊、温和、朴素、稳重、失意、空虚。

（10）金属色

金属色主要指金色和银色，金色偏暖，银色偏冷，这些颜色处于适当的角度时便反光敏锐。它们的亮度很高，如果改变角度，又会使人感到亮度很低，如图 1–33 所示。

金色、银色是色彩中最高贵华丽的颜色，适合与所有色彩相配，并能增加色彩的辉煌度。当画面中的色彩配置过于刺激或暧昧时，用金色、银色隔离或点缀能起到很好的调和及画龙点睛的作用。

图 1-33　金属色

金色象征着辉煌、富贵、光彩、豪华、高级、珍贵，所以金色常被作为古代帝王的奢侈装饰，如金色宫殿、金色皇冠、金银餐具、金银首饰等。高档商品的配色中适当加上金色、银色，更能体现档次和豪华感。

金属色的具体物象：金、银、铜、铁、铂、铋。

金属色的象征寓意：庄重、高贵。

3. 跨境电商美工设计的色彩选择

跨境电商美工要快速把握整体色彩基调，从而更好地表达商品的主题。

（1）选择与行业相匹配的色彩

色彩给人不同的印象，不同行业、不同商品对所使用的色彩都有一定的倾向性。例如，保健品或化妆品经常使用绿色，象征生命与健康，如图 1–34 所示。科技、数码家电类商品较多采用蓝色，体现其商务、稳定的格调。食品行业中的零食、水果常常采用橙色，这是一种很生活化的颜色，表现出生活的格调。快餐店、面点屋经常使用红色、橙色、黄色等暖色系色彩，可以让人增加食欲，给人以味觉刺激，同时又有较强的视觉认知性和吸引力，如图 1–35 所示。爱情婚恋主题往往采用紫色，或与粉色搭配，表现出浪漫、优雅、高贵、梦幻的气质。

图 1-34　保健品行业的绿色效果

图 1-35　餐饮行业的暖色效果

在跨境电商美工设计中，网店首页、店招、促销图等的配色要选择与行业相匹配的色彩，保证色彩与网店形象、经营的商品相一致。

（2）根据消费者特点定位色彩

不同性别的消费群体对色彩的偏好存在较大的差异。例如，成熟男性商品的配色以体现冷峻感的冷色系或黑色、灰色等无彩色为主，低明度、低纯度的色调能演绎出冷静、沉着、强壮、潇洒等不同的男性气质，如图 1–36 所示。能体现出速度和力量的运动型配色也是男性配色，可通过色彩来表现动感的印象，突出色彩之间的对比效果。

图 1-36　成熟男性商品配色

女性商品的配色应确保色彩反差小及色彩之间过渡平稳，从而表现出女性温柔、柔美的特质。女性普遍喜好红色、粉色等暖色，可通过暖色单色系配色演绎女性的高雅和优美；可通过高明度的暖色系来体现浪漫甜蜜的配色效果，如图 1–37 所示。紫色、黑色、红色可体现艳丽成熟的配色效果，表现出成熟女性的魅力，如图 1–38 所示。

图 1-37　浪漫甜蜜的配色效果

图 1-38　艳丽成熟的配色效果

人们在不同年龄阶段对色彩的偏好也呈现出不同的特点：儿童喜欢活泼鲜艳的色彩，青少年喜欢对比较强的色彩，中年人喜欢稳重大气的色彩，而老年人则喜欢简单素雅的色彩。针对不同的消费群体，在设计上所采用的色彩也应有所不同。

（3）选择与季节相对应的色彩

不同的季节带给人不一样的视觉感受，一些跨境电商企业页面的更新就像季节的定时闹钟，非常及时、准确。

春季，人们脑海中浮现的是万物复苏、生机勃勃的景象，因此绿色经常被选作主色调，用以体现春季的万物生机。

夏季天气炎热，唯有冰爽的雨水才能带给人清凉感受，因此蓝色常作为夏天的主色调。图 1–39 中，整体的视觉颜色为清爽的蓝色。

图 1-39　夏季海报的配色效果

秋季是丰收的季节，让人联想到丰硕的果实、泛黄的树叶和收获的景象，因此橙黄色、褐色成为秋季的主色调，如图 1–40 所示，整体视觉色彩为暖色系。

冬季使人联想到白雪皑皑的景象，因此白色往往成为冬季海报的主色调。我国的冬季会有春节等重要节日，因此在节日海报中，常选择红色以体现节日喜庆之感，并将白色作为素材烘托整体，如图 1–41 所示。

图 1-40 秋季海报的配色效果

图 1-41 冬季海报的配色效果

在通过色彩表现季节感时，重点在于色调，只有确定了正确的色调后才能进行恰当的配色。

4. 配色理论与方法

前面所阐述的是单一颜色的色彩表现和色调选择，然而电商美工设计的画面常常需要多种色彩表现，这便要求设计者掌握色相环的基础知识。

（1）色相环

12 色相环由原色，二次色（间色）和三次色（复色）组合而成，如图 1-42 所示。色相环中的三原色是红、黄、蓝，彼此势均力敌，在环中形成一个等边三角形。二次色是橙、紫、绿，处在三原色之间，形成另一个等边三角形。红橙、黄橙、黄绿、蓝绿、蓝紫和红紫六色为三次色。三次色由原色和二次色混合而成。

（2）常用的色彩搭配法

常用的色彩搭配法包括同类色搭配、邻近色搭配、类似色搭配、互补色搭配等。

① 同类色搭配

同类色是指色相环中 15° 夹角内的颜色，色相性质相同，但明度有深浅之分，如深绿与浅绿。

② 邻近色搭配

邻近色是指在色环上相邻近的颜色，凡在 60° 范围之内的颜色都属于邻近色，如图 1-43 所示中的 3 组邻近色。邻近色之间往往你中有我，我中有你，在视觉上却比较接近。

③ 类似色搭配

类似色是指在色相环上 90° 角内相邻接的颜色，如图 1-44 所示。例如，黄、黄绿、绿等均为类似色。类似色由于色相对比不强，给人以平静、调和的感觉，因此在配色中常常被应用。

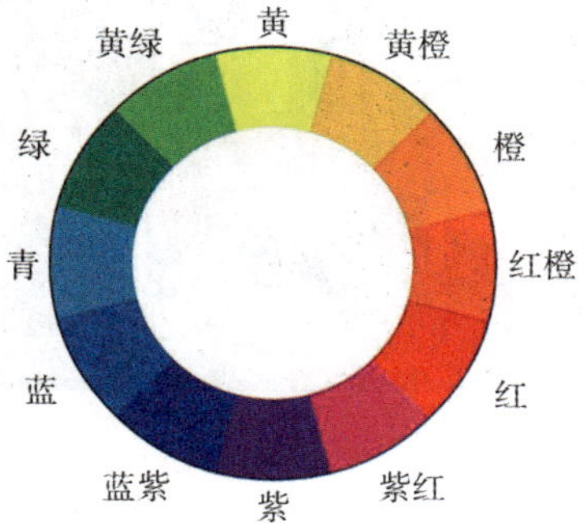

图 1-42　12 色相环

图 1-43　邻近色

④ 互补色搭配

在色相环中，处于直径位置（180° 对角）的两色，称为互补色，如图 1–45 所示，由于有非常强烈的对比度，在颜色饱和度很高的情况下，可以创建很多十分震撼的视觉效果。例如橙和蓝、红和绿、黄和紫。

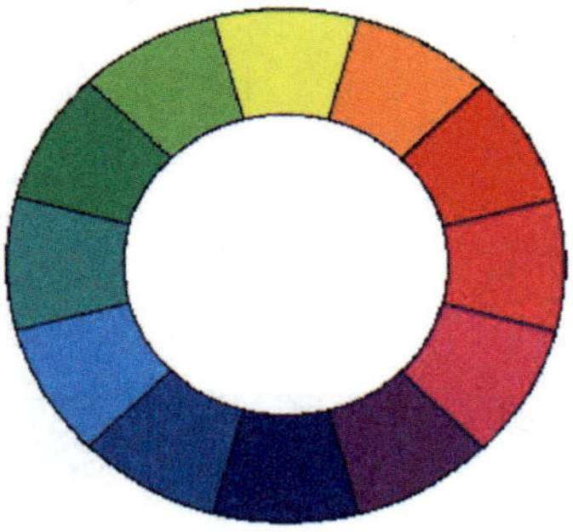

图 1-44　类似色

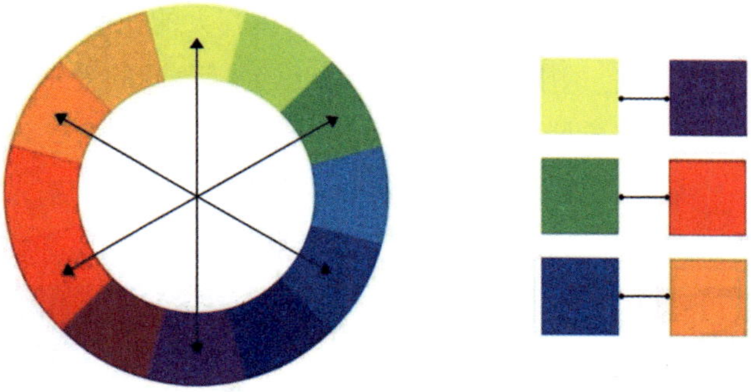

图 1-45　互补色

5. 跨境电商视觉营销中的色彩应用

在跨境电商平台中，除要考虑上述内容所讲到的色彩搭配的基本原理外，还要考虑商品目标客户所在国家或地区的文化和色彩使用习惯。

（1）阿根廷

在阿根廷，黑色、紫色和紫褐色应避免使用，流行的包装颜色是黄色、绿色和红色。如图 1–46 所示为黄、橙、蓝、绿色相间的阿根廷建筑。

（2）挪威

挪威冬季漫长，在色彩的使用上更偏爱鲜明的色彩，特别是红色、蓝色、绿色。挪威人毫不掩饰在衣物方面对于红色的热爱，如女孩的大衣、儿童的滑雪衫或男士毡帽的镶边全是红色。如图 1–47 所示为挪威典型的红色建筑。

图 1-46　阿根廷建筑

图 1-47　挪威建筑

（3）爱尔兰

爱尔兰人喜爱绿色，忌用红色、白色、蓝色组合（英国国旗的颜色）。爱尔兰国旗是由绿色、白色、橙色 3 个尺寸相等的垂直长方形构成的，其中左边为绿色，右边为橙色，白色居中。绿色代表信仰天主教的爱尔兰人，也象征爱尔兰的绿色宝岛；橙色代表新教及其信徒，也表示尊贵和财富；白色象征天主教徒和新教派教徒之间永久休战，还象征对光明、自由、民主与和平的追求。爱尔兰邮政总局是一座具有历史意义的建筑物。每年 3 月 17 日爱尔兰国庆日时，都要在这座高大的花岗石大楼里举行庆祝活动，在屋顶上升起绿、白、橙三色国旗。如图 1–48 所示为绿色调的爱尔兰建筑。

（4）希腊

希腊人喜爱蓝色、白色相配及鲜明的色彩，如大黄色、绿色等，禁忌为黑色。如图 1–49 所示为蓝色房顶、白色墙面的希腊建筑。

图 1-48　爱尔兰建筑

图 1-49　希腊建筑

以上这些色彩的使用场景，都是各个国家自己特有的文化特色和历史背景造就的，商家应该提前做好相应的准备工作，避免出现误会，影响商品销售。

案例导入

店铺主页配色设计

为全球速卖通平台上一个经营首饰的店铺设计主页，要求店铺主色调为橘粉色，并配有模特展示，详细的设计步骤如下。

（1）确定主页的布局结构，包括页旗（Banner）轮播图、分类导航、商品展示区等。Banner 轮播图以橘粉色为主色调，搭配舒适的浅粉色，以增强浪漫的氛围，展示精选的首饰款式，同时配以引人注目的标语或口号，如图 1–50 所示。

图 1-50　Banner 轮播图

（2）使用橘粉色和浅粉色作为重点区域的背景颜色，使其与品牌形象和首饰的款式相协调，如图 1–51 所示。

（3）选择高质量的室外情侣模特使用场景的照片，确保照片中的首饰清晰可见，同时展示出首饰的气质和特点。照片上的模特可以佩戴不同类型和款式的首饰，以提供给用户不同的购买参考，如图 1–52 所示。

图 1-51　重点区域的背景设计

（a）

（b）

图 1-52　模特佩戴首饰展示

（4）设计一个与橘粉色主题相符的店铺 Logo，将其放置在页面顶部的中心位置上，同时确保 Logo 在不同尺寸的屏幕上也能清晰可见，如图 1–53 所示。

（5）在分类导航区域使用橘粉色的背景，按照首饰的不同类型或系列进行分类，以帮助用户快速定位到感兴趣的商品，如图 1–54 所示。

（6）使用合适的字体和字号，以及橘粉色与灰色字体颜色来展示商品的价格，如图 1–55 所示。

图 1-53　店铺 Logo

图 1-54　分类导航区域

（7）在商品展示区域使用折线型布局，展示模特照片以及首饰的照片和简要描述。确保每个商品都清晰可见，如图 1–56 所示。

图 1-55　价格部分的字体与颜色设计

（8）确保店铺主页在不同尺寸的屏幕和不同设备上都能自适应和良好呈现，以提供一致的用户体验，设计效果如图 1–57 所示。

图 1-56　使用折线型布局，展示模特照片以及首饰的照片和简要描述

图 1-57　设计效果图

二、构图设计

跨境电商美工在设计作品时会遇到的一个难题就是该如何构图。从事电商美工设计的新手在面对构图时往往会产生一种无力感，而优秀的构图不仅能让作品充满美感，而且还能表现出作品的主题思想。

常见的基本构图形式有九宫格构图、对称式构图、对角线构图、三角形构图、引导线构图、水平线构图、垂直线构图、向心式构图等。

1. 九宫格构图

九宫格构图指的是用水平和垂直的 4 条线将画面分成 9 格，将主要元素放在线的交叉点上。“井”字的 4 个交叉点就是主体的最佳呈现位置，这里的每个点都是视觉的焦点，如图 1–58 所示。一般认为，右上方的交叉点最为理想，其次为右下方的交叉点。

如图 1–59 所示的案例，主体在交叉点的位置，非常突出。

图 1-58　九宫格构图

图 1-59　九宫格构图效果

九宫格构图法符合人们的视觉习惯，是最经典的构图方式，使主体自然成为视觉中心，具有突出主体并使画面趋向于均衡的特点。

2. 对称式构图

对称式构图来源于生活，是常用的一种构图技巧。对称式构图一般分为左右、上下和斜向 3 个方向上大致对称的视觉效果。

使用对称式构图，可以让画面布局更加规整，达到平衡的效果，具有平衡、稳定、相呼应的特点，如图 1–60 所示。

3. 对角线构图

对角线构图是基本的构图形式之一，它把主体安排在画面两对角的连线上，产生运动感、立体感和延伸感。

图 1–61 采用了对角线构图，使得整个画面具有纵深感，增强了立体感。

利用对角线构图可以使画面更加富有鲜活力和节奏感，同时达到突出主体的目的。

图 1-60　对称式构图效果

图 1-61　对角线构图效果

4. 三角形构图

三角形构图是指在画面中把所要表达的主体放在三角形中，或影像本身就是三角形的。三角形可以是正三角，也可以是斜三角或倒三角，其中斜三角较为常用，也较为灵活，如图 1–62 所示。三角形构图既创造了平衡感，又增添了动感。

5. 引导线构图

引导线构图，即利用线条引导浏览者的目光，使之汇聚到画面的焦点上。引导线不一定是具体的线，但凡有方向的、连续的东西，都可以称为引导线。现实中的一条道路、一条小河、一座桥、喷气式飞机拉出来的白线、颜色、阴影，甚至人的目光，不管是实的还是虚的，只要是视觉上的线条都可以是引导线。

图 1–63 采用海岸线作为引导线，画面自然而优美。

图 1-62　三角形构图效果

图 1-63　引导线构图效果

引导线构图使得画面充满美感，使近处和远处的景物相呼应，有机地支撑起画面，同时增加了立体空间感，并且通过引导线将浏览者的目光引向兴趣点，能够突出主体，烘托主题。

6. 水平线构图

水平线构图是最基本的构图形式之一，画面以水平线条为主，如图 1–64 所示。舒展的线条能表现出宽阔、稳定、和谐的感觉，通常运用于湖面、水面、草原等场景。

图 1-64　水平线构图效果

7. 垂直线构图

垂直线构图即画面以垂直线条为主。通常在运用垂直线构图时，主体自身就符合垂直线特征，如一排排的树木、风车等。垂直线在人们心中是符号化的象征，能充分展示景物的高大和深度，如图 1–65 所示。

8. 向心式构图

向心式构图是指主体处于中心位置，而四周景物朝中心集中的构图形式。它能将人的视线引向中心主体，并起到聚集的作用。

向心式构图具有突出主体的鲜明特点，但有时也会形成压迫中心，产生局促沉重的感觉，如图 1–66 所示。

图 1-65　垂直线构图效果

图 1-66　向心式构图效果

以上这些都是构图的基本形式。需要注意的是，一幅好的作品往往包含多种构图形式。

提示

跨境电商平台的构图设计应该避免过多的干扰因素，否则可能会使页面看起来混乱而导致访客流失。应尽量精简构图元素，使页面保持简洁和有条理。

三、字体设计

一个成功的海报设计或专题页面，除了具备出彩的配色、构图、创意等外，还有一个非常重要的因素——字体。同样的素材，同样的配色，但不同的字体运用会让页面呈现出不同的效果，甚至有天壤之别。那么在美工设计中应如何选择合适的字体，如何应用字体呢？

1. 字体的类型

字体是文字的风格样式，也是文化的载体，不同的字体给人的感觉也不同，下面具体介绍中英文字体各自的分类。

（1）中文字体

在中文字体中有两个有代表性的分类——宋体和黑体，分别对应英文字体中的衬线字体和无衬线字体，此外，也有书法类等其他字体。

宋体类（衬线体）字体，笔画有粗细变化，而且一般是横细竖粗，末端有装饰部分，点、撇、捺、钩等笔画有尖端，常用于书籍、杂志、报纸的正文排版。图 1–67 所示为宋体类字体。

图 1-67　宋体类字体

黑体类（无衬线体）字体也称为方体或等线体。黑体笔画粗壮有力，撇、捺等笔画不尖，使人易于阅读。其由于具有醒目的特点，因此常被用于标题、导语、标志等。图 1–68 所示为黑体类字体。

书法体是中国传统书法的数字化版本，如行书、楷书、隶书、魏碑，应用非常广泛，如图 1–69 所示。

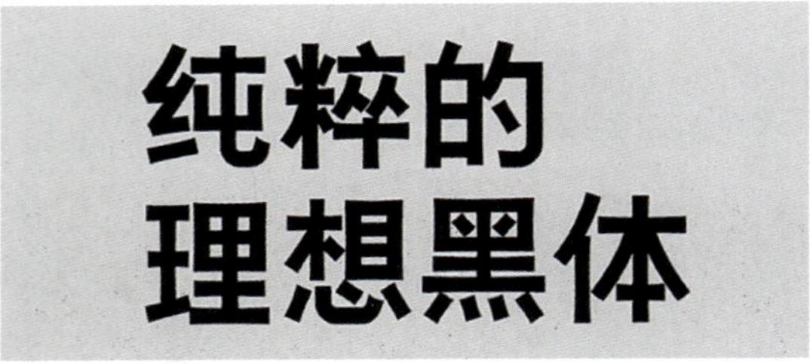

图 1-68　黑体类字体

图 1-69　书法体

（2）英文字体

英文字体可分为衬线体、无衬线体和其他字体（如手写体）。

衬线体在字母起笔和落笔的地方会有装饰衬线，对于浏览者的视线有引导作用。其外观特征为古典、端庄、传统。图 1–70 所示为英文衬线体。

无衬线体也称为等线体，顾名思义，无衬线体没有装饰衬线，笔画粗细一致。无衬线体的外观特征为客观、朴素、线条清晰、均匀有力，作为一种等线字体，它展示了没有经过任何修饰的字母骨架，如图 1–71 所示。

图 1-70　衬线体

图 1-71　无衬线体

手写体带有强烈的书法特色，如图 1–72 所示，字体笔画连贯、流畅，但用于正文可能存在识别性差的问题，会降低浏览者的阅读效率。手写体通常适用于比较特殊的设计案例，如婚礼、音乐会等。

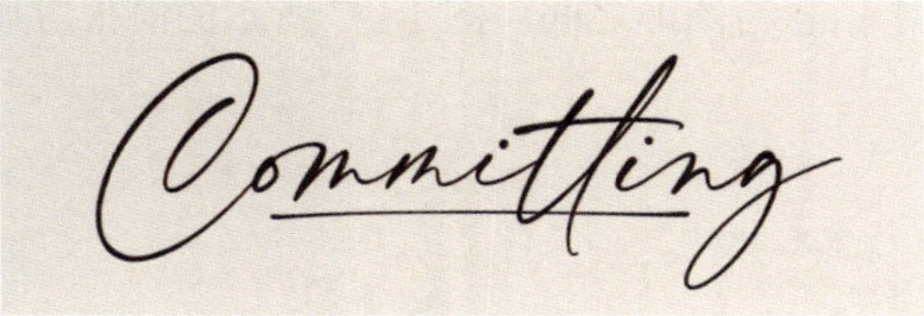

图 1-72　手写体

2. 字体的选择与应用

在选择字体时，跨境电商美工需要考虑整个设计项目的受众，切实定位受众的喜好，根据不同目标受众的需求来选择合适的字体，下面重点介绍无衬线体与衬线体的选择与应用。

（1）无衬线体的应用

无衬线体比较方正，笔画醒目，并且粗细一致，无论是中文还是英文都能传递直接干练的气质特点。

无衬线体的应用范围非常广泛，可塑性很强，适合表现硬朗、粗犷、稳重、力量、运动、简约的感觉，如图 1–73 所示。

电商大促海报经常使用无衬线体，例如“方正粗黑”等，这些字体能表现出激情、动感、力量，造成视觉冲击，如图 1–74 所示。

图 1-73　无衬线体的应用效果

图 1-74　无衬线体海报设计效果

（2）衬线体的应用

衬线体的笔画有粗细变化，衬线体在文化、艺术、生活、女性、美食、养生等领域中所传达出来的气质要比无衬线体强。

女性字体常常采用衬线体，线条纤细、秀美、流畅，字形有粗细等细节变化，可表现出女性柔软、飘逸、秀美等气质，显得有韵律，如化妆品海报、女士服装海报通常选衬线体，如图 1–75 所示。

一些书籍、杂志封面也较多采用衬线体，如图 1–76 所示。

（3）书法体的应用

书法体是中国传统书法的数字化版本，具有强烈的个性，介于黑体与宋体之间，也介于信息与图形之间。图 1–77 所示的海报应用了书法体，使得画面更加自然。

图 1–75　衬线体在化妆品海报中的应用效果

图 1-77　书法体在海报中的应用效果

图 1-76　衬线体在文艺作品中的应用效果

3. 字体风格与装修风格搭配

选择和商品风格相同的字体可以提升消费者对商品的认同感，下面列举一些跨境电商环境中常见的商品风格及相应字体的应用场景。

（1）文艺小清新

文艺小清新类商品涵盖范围广泛，消费者的共同特点是感情细腻，容易被感染，对自由、乐观的生活充满向往，喜欢自然、朴素。这类商品在字体设计时可以选择一些有衬线的字体或手写体，搭配商品图片，更能展现出自己的风格和特点，容易与消费者产生共鸣，如图 1–78 所示。

（2）中国风

中国风商品在电商领域总是受到喜爱传统文化和民族风的消费者的追捧，那么中国风商品在字体的选择上大多使用书法字体来表达商品的意境，男性消费者更喜欢笔触苍劲有力的书法字体，女性消费者则更喜欢娟秀优美的书法字体，如图 1–79 所示。

图 1-78　文艺小清新商品海报

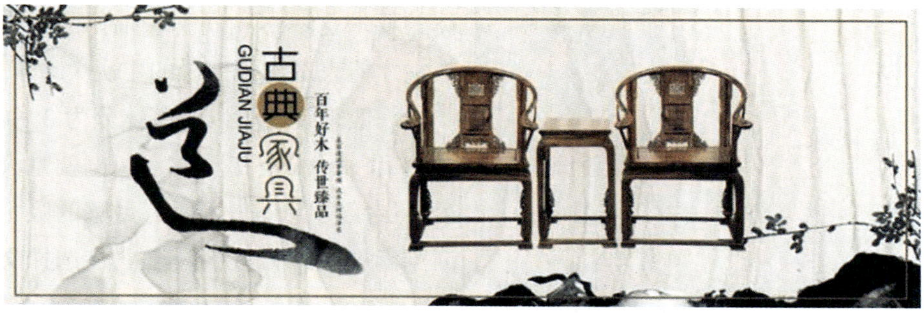

图 1-79　中国风商品海报

（3）欧美风

欧美风商品主要集中在服装和家居领域，消费者年龄层次偏高。该类商品所用字体多表现奢华，常用棱角分明的英文字体烘托氛围，以体现出商品的时尚和尊贵。这类商品的字体选择一定要大气，常用较细的衬线体来表现，如图 1–80 所示。

图 1-80　欧美风商品海报

（4）时尚简约风

这类商品的消费者喜欢原生态的生活方式，年龄主要为 25 ～ 35 岁，强调实用主义。这类商品以科技数码、服装、健康食品、功能类商品为主。时尚简约风商品所用字体多采用与海报设计风格相近的非衬线体，如图 1–81 所示。

由此可见，字体风格的选择应与店铺装修风格一致。但在一张视觉传达优秀的广告图当中，中英文字体的使用最好不要超过 3 种，否则会让人产生杂乱无章的感觉。其实，字体的选择是不断做减法的过程，不断缩小选择的范围，从而使广告图达到最佳的营销效果。

图 1-81　简约风商品海报

4. 文字层级的布局

在跨境电商美工设计中，根据文字的地位可将文字划分为不同的层级，如大标题、小标题、正文等，处于不同层级的文字对字体的要求也不尽相同。一幅作品只有层级清晰，才能表现出画面中的主次关系。

一般来说，可以将字体分为 3 种层级。

第一层级是首要文字，也就是大标题。第一层级的字体一定要有足够的吸引力，将浏览者的注意力吸引过来。在选择文字字体时要注意其醒目性和独特性，如图 1–82 所示。

图 1-82　设计中的字体层级

第二层级是次要文字或主题，包括小标题、说明文字、引题、导语等。次要文字在大标题之后正文之前，一般要比首要文字小，但比正文文字大。

第三层级是正文，为正文选择字体的目的是让浏览者轻松舒适地进行阅读，所以清晰易读是首要原则。

四、留白

在跨境电商美工设计实践中，很多卖家

都要求设计出“高大上”的作品。而合理利用留白，可让电商美工设计作品简约大气。

“留白”一词来源于我国的水墨画，我国的水墨画作品非常讲究留白，很多艺术大师往往都是留白的大师。留白最有代表性的一幅作品是宋代马远创作的《寒江独钓图》，如图 1-83 所示，可以看到这幅画上有一叶扁舟，一位老翁俯身垂钓，寥寥数笔勾出水纹，四周虽然都是空白，但让人觉得江水浩渺，空白之处有一种耐人寻味的境界。这就是利用了留白产生的效果。留白在现代设计中的应用也非常广泛。

留白的真正含义是指在作品中留出相应的空白，这里的“空白”指的是空间。因此在留白设计中可以留出白色，也可以是一片灰色或其他颜色，还可以是渐变或带有纹理的、没有过度装饰的背景图形等，如图 1-84 所示。

图 1-83　寒江独钓图

图 1-84　留白设计效果

1. 留白的作用

通过以下案例来说明留白的重要性。以下是两张海报，图 1-85 是一张常见的超市海报，图 1-86 是一张饮料的海报。

图 1-85　超市海报

图 1-86　饮料海报

毫无疑问，饮料海报的设计看起来更专业、更好看。这两张海报最大的区别在于超市海报空间饱满，饮料海报有大量的留白。

具体来说，留白的作用如下。

（1）突出主题

留白的第一个作用是突出主题。在广告视觉传达作品中，很多作者总是希望把画面挤得满满的，生怕浪费了一寸空间，但画面的拥挤反而使人难以认清它的主题。

比如在图 1–87 中，明明天空的面积占据了整个画面，但我们第一时间看到了鹰。其刻意留出足够的空间，可以创造出一个强大的焦点。

（2）提高质感

留白的第二个作用是提高质感。敢于大胆留白，是对自己的品牌、商品的一种自信。

图 1–88 所示的化妆品海报，只有商标、商品与简单的文案，这样留有大面积空间的商品展示，就是在暗示“我很高端”。它不需要像促销海报那样把价格、折扣放到非常醒目的位置，甚至我们都看不到任何的价格信息。

图 1–89 是促销海报，与前面两张海报刚好相反，画面非常饱满，主体就是价格信息。

图 1-87　天空与鹰

图 1-88　高品质商品海报

图 1-89　促销海报

大面积留白设计能传达出作者对商品的十足信心。所以，高端商品的网页、海报设计通常都有大量的留白，让商品本身为自己代言。

2. 留白的方法

在设计中，留白的方法具体如下。

（1）运用 KISS 原则

如果想用留白的技法来设计一个画面，需要理解一个原则，也就是 KISS（keep it simple and stupid）原则，即简单就是美的原则。元素越少，人的视觉注意就越不会被其他的元素抢走，也就是“少即是多”的道理。

使用留白的一种方法就是去掉设计中不必要的元素。

（2）留出足够的空间

留白的第二种方法是留出足够的空间。例如，有一张海报背景图片素材，但是发现如果要在这张图片中置入文案，会显得很拥挤。这时可以尝试扩大这个图像尺寸，留出足够的空间，如图 1–90 所示。留白的增加使得整个海报显得非常简约、大气。

图 1-90　运用留白的海报设计

假设现在我们完成一个封面的设计，当使用打印机打印作品时，打印出来的纸张在图片四周会留下白色的边框，而且比较难控制四周的边距，甚至会产生这 4 个边距都不一样的情况，而影响效果。这时可以通过缩小图片，让图片远离页面的边距，把白色的边框纳入背景中，这其实是留出了大量的空间，如图 1–91 所示，其一可以添加文本，其二则轻而易举地解决了白边的问题。通过留出足够的空间，将打印机打印出来的白色边缘融入背景中，这是留白设计中的又一个技巧。

（3）注意营销的视角

大量的留白可以表达自信、增强商品的品质感，但它也存在负面效应——在“高大上”之余失去了亲和力。留白虽然是一剂改善视觉效果的良药，但应该根据商品的市场定位、目标人群与营销方案去决定留白程度。

再回到前面的两个例子，即超市海报和饮料海报，从设计的角度来看，饮料海报明显更专业，但从营销的角度来看，两张都是对的设计。超市广告应该更多地传递实惠的信息与热闹的调性，所以设计师要把这方面的气质传递出来，不一定非要用留白来设计，留白反而会适得其反。

促销海报需要传递促销信息，给人以亲民的感觉，营造出“我很实惠，很便宜，快来买吧”的效果，如图 1–92 所示。

图 1-91　运用留白的封面设计

图 1-92　“618”促销海报设计效果

节日海报需要传递的是热闹、喜庆的感受，这些场景慎用大面积留白。所以在做设计简化的同时，需要考虑品牌本身的调性。

知识拓展

美工设计中留白的使用建议

在美工设计中留白是一种重要的设计元素，它可以提升作品的美感和可读性，并为内容提供舒适的视觉空间。以下是一些在留白设计中实用的建议。

1. 平衡和比例

留白的使用应该考虑整体的平衡和比例。留白区域不应过于突出或过于稀疏，要与其他设计元素保持一定的平衡，以避免视觉上的分散或拥挤感。

2. 重点突出

留白可以用来突出重要信息等重点内容。通过在这些内容周围创造空白区域，可以使重点内容更加显眼，吸引浏览者的注意力。

3. 信息分组

使用留白可以将信息分组，使视觉上的整体结构更清晰。合理的留白可以帮助浏览者组织和解读信息，提高设计作品的可读性和信息传达效果。

4. 呼吸空间

留白能够为浏览者提供呼吸空间，使视觉上更加舒适和轻松。过于拥挤的设计会给人造成压迫感，而适当的留白能够减轻视觉负荷，让浏览者更好地理解和感受设计作品。

5. 注意适用场景

不同的设计场景对留白的要求不同。比如，在广告设计中，可能需要留白更加吸引人的眼球；而在网页设计中，可能需要留白更好地引导用户和提高可用性。

6. 留白要有目的性

留白的使用应该有明确的目的和意图，而不是简单地空出空间。因此应根据设计的目标和要传达的信息，选择合适的留白方式和区域。

7. 兼顾视觉效果和功能性

留白不仅仅是为了美观，也要考虑到功能和实用性。确保留白不会影响信息传达和功能的实现。

课后实践

学习完本项目的内容后，认真完成表 1–3 的实践清单。

表 1-3　实践清单

配色设计训练	
实践任务	制作一组电商商品主图，探究如何用配色的方式提高商品的吸引力和美观度
实践目标	（1）掌握使用设计软件和工具进行图片处理、图形设计和配色的基本技能； （2）了解色彩理论和配色原则，探究如何用不同配色方式提高商品的吸引力和美观度； （3）提高审美素质和创意能力，能够根据商品特性和目标市场，选择合适的配色方案
实践步骤	（1）确定商品的特性和目标消费群体，了解消费群体的偏好和心理需求，确定具体的设计目标和方向； （2）进行商品拍摄，选择最能突出商品特点和优势的角度和场景，保证商品主图拍摄质量和清晰度； （3）寻找灵感，关注国内外电商平台的优秀主图设计，了解各种颜色的搭配和效果，进行设计思考和探索； （4）进行配色设计，根据商品特性、市场方向和心理需求考虑多种搭配方案，尝试不同的色彩组合和搭配方式，评估每种方案的优缺点和效果，选择最佳方案进行优化； （5）进行设计实施和优化，利用设计工具完成商品主图设计，确保色彩饱和度、对比度和亮度的合理性，呈现清晰、亮丽的效果。根据实际演示效果和反馈进行优化和调整
实践提示	（1）商品主图的设计需要符合互联网时代的审美需求，突出商品特点，效果简洁明了，具有较好的传播性和销售属性； （2）配色的选用是商品主图设计的重点之一，需要根据商品特性、用户需求、市场方向等多个因素进行综合考虑，选择合适的配色方案； （3）配色实践需要关注色彩的协调性、对比度、亮度、饱和度等多个方面，进行科学组合和调整，从而确保最终效果； （4）实践中需要不断尝试和探索，提高审美素质和创意能力，只有这样才能设计出更加优秀的商品主图

续表

配色设计训练	
实践总结	

实践评价

完成以上实践清单后，认真完成表 1–4 的实践评价。

表 1-4　实践评价

评价内容	分值	得分
参与实践的积极性、主动性	25	
独立思考能力	25	
创新能力	25	
对配色设计相关知识的了解程度	25	
教师点评：		

项目小结

跨境电商视觉营销是提高产品曝光度和吸引潜在消费者的关键。跨境电商视觉设计需要结合产品特性、品牌定位和文化差异，需要通过高质量的图片、独特的设计风格和优秀的交互体验，增强消费者对产品的兴趣和购买意愿。

跨境电商美工设计原则是指在美工设计过程中需要遵循的一系列基本原则，如美观性、实用性、易用性等，以确保设计作品的质量。

跨境电商美工设计方法是指在实际操作过程中使用的一系列技巧和方法，如配色、排版、图形设计等，以提高美工设计的效率和质量。

跨境电商企业应该重视视觉营销与美工设计，以适应不断变化的市场环境。同时，企业也需要关注消费者需求和市场趋势的变化，不断创新和优化视觉营销与美工设计，以提升企业在全球市场中的竞争力。

思考练习

1. 美工设计的原则有哪些?
2. 美工设计的方法有哪些?
3. 跨境电商美工设计中常用的字体类型有哪些?

项目二

商品拍摄技巧及流程

项目导读

商品拍摄技巧及流程是指在拍摄商品时，为了更好地展示商品特性、增强视觉效果，所采用的一系列技巧和方法，以及拍摄过程的具体步骤。这对于跨境电商企业来说至关重要，因为高质量的商品图片可以有效提高商品的吸引力，增强消费者的购买意愿。

学习目标

知识目标

（1）了解不同类型的摄影器材，并学会选择适合不同拍摄场景和主题的器材，如相机、镜头、照明设备等。

（2）学习制定合理的拍摄方案，包括确定主题、拍摄地点、角度选择等，以保证拍摄目标的实现。

（3）掌握环境和布光对拍摄效果的影响，学习运用光线和照明技巧，以创造出理想的拍摄环境。

（4）学习运用构图原则和摆放技巧，尤其针对商品拍摄，要学会展现商品的特点和吸引力。

（5）掌握室内静物和室外人像拍摄的技巧和要点，如光影控制、姿态引导和背景选择等，以创造出生动且具有艺术性的作品。

技能目标

（1）能够根据拍摄需求选择合适的拍摄器材。

（2）能够制定合理的拍摄方案，以达到预期拍摄效果。

（3）掌握运用光线和照明设备的技巧，以创造出有吸引力的作品。

（4）能够运用构图原则和摆放技巧，展现商品的特点和独特魅力。

（5）掌握室内静物和室外人像拍摄的技巧，能够创造出生动、有表现力的作品。

素质目标

（1）培养学生的观察力和细致性，使其通过观察环境和物品细节，捕捉到拍摄的亮点和特点。

（2）培养学生的创意思维和艺术感觉，使其创造出令人印象深刻的作品。

（3）培养学生的沟通和指导能力，使其能够与模特、客户或团队成员有效沟通，达到拍摄目标。

（4）培养学生的团队合作意识，使其能够与其他人员（如化妆师、摄影助理等）协同合作，共同完成拍摄任务。

思政目标

（1）引导学生自觉践行社会主义核心价值观，通过作品传递正能量。

（2）增强学生的社会责任感和自觉性，以及环保和可持续发展意识，使其在拍摄过程中能够注重资源的节约和保护。

（3）培养学生的职业道德和道德情操，使其能够注重个人隐私和权益的保护，以及诚实守信的合作原则。

任务一　拍摄器材准备

商品拍摄是跨境电商美工的工作内容之一。要想拍摄出好的商品图，就需要对相机、镜头、灯光、辅助灯光器材、辅助拍摄器材以及影响成像的关键因素有一定的认识。

一、相机与镜头

1. 数码相机的分类

数码相机按照专业性质可划分为卡片机、准专业相机和专业相机。

（1）卡片机

卡片机机身轻巧，价格低廉，拍照模式由机内程序控制，是初学者的首选相机，但是其成像效果一般。其中索尼 T 系列（图 2–1）、卡西欧 Z 系列、奥林巴斯 AZ 系列和佳能 IXUS105 等都属于这一类别。

图 2-1　索尼 T 系列

（2）准专业相机

与轻巧型卡片机相比，准专业相机具有相对完善的拍摄功能，可以自定义调节参数，但这类相机在设计时往往绑定了机身与镜头，因此，也称为不可换镜头相机。此类相机中也有一些高端的机型内置了可变焦段的镜头，成像效果甚至可以媲美专业的单反相机和微单相机，是进阶摄影师和外出摄影作者的绝佳帮手。索尼 H 系列属于此类相机，如图 2–2 所示。

（3）专业相机

专业相机一般包含单反相机和微单相机，两者均可更换镜头，有更多的参数调节，成像效果佳，价格相对昂贵，是专业摄影师的最佳选择，如图 2–3 所示。

图 2-2　索尼 H 系列

图 2-3　单反相机

2. 镜头的分类

（1）根据焦距长短分类

镜头是相机重要的组成部分，根据焦距的长短即拍摄时的视角，可以分为广角镜头、标准镜头及长焦镜头。

① 广角镜头

广角镜头，顾名思义就是其拍摄视角比较广，视角大于人眼视角的镜头。其适用于拍摄范围较大的景物，有时用来刻意夸大前景表现，表现出极强的透视效果，能很好地将场景和主题结合到一起，适合电商摄影中的海报拍摄。

② 标准镜头

标准镜头的视角约 50°，这是人在头和眼不转动的情况下单眼所能看到的视角，从标准镜头中观察到的景物与我们平时所见的景物基本相同。

③ 长焦镜头

长焦镜头可以有更长的拍摄距离，这就意味着可以在很远的距离处悄无声息地拍摄，因此多用于足球赛、野外等场景的拍摄。长焦镜头景深较小，容易使背景模糊，主体突出。但相对于广角镜头来说，其对物体的表现力要弱得多。

（2）根据焦距是否可变分类

根据镜头焦距是否可变，镜头可分为定焦镜头和变焦镜头，见表 2–1。

表 2-1　根据镜头焦距分类

焦距分类	优势
定焦镜头	定焦镜头特指只有一个固定焦距的镜头，只有一个焦段，或者说只有一个视野。定焦镜头没有变焦功能，相对于变焦镜头来说，其最大优势是对焦速度快且准确，成像质量好
变焦镜头	变焦镜头的焦距可以在较大范围内进行变化，在拍摄距离不变的情况下，能在较大幅度内调节拍摄的成像比例及透视，因此一个变焦镜头可起到若干个不同焦距的定焦镜头的作用

二、灯光与辅助灯光器材

1. 灯光器材

光线是摄影的灵魂，要拍出有质感的商品图片，就要懂得恰如其分地运用灯光和控光器材构建巧妙的光线，从而塑造商品的质感、立体感、空间感。

（1）内置闪光灯

相机标配的内置闪光灯，闪光指数小，照明角度与机位一致，不利于变化，正面光整体亮度较大，如图 2-4 所示。

图 2-4　内置闪光灯

（2）外置闪光灯

外置闪光灯配有热靴插槽的相机，既可以外插闪光灯并与之协调使用，也可以使用连闪线连接闪光灯，如图 2-5 所示。

（3）影室闪光灯

影室闪光灯集造型灯泡和闪光灯泡于一身。造型灯泡提供持续的光源，光线强度较低，主要用于对焦。闪光灯泡提供高强度光，在拍摄中能够有效地还原商品的色彩。如图 2-6 所示为影室闪光灯，但是使用的时候要配合各种类型的灯罩。

图 2-5　外置闪光灯

图 2-6　影室闪光灯

2. 辅助灯光器材

无论是连续光源还是瞬间光源，所能产生的灯光效果都是一定的，在实际的拍摄过程中，为了改善各种灯光的光质与色彩，可以使用辅助器材对光线进行加工，以满足不同拍摄场景的需求。

（1）标准罩

标准罩是灯头自带的标准口径灯罩。标准罩的深度较大，口径较小，产生的光线较硬，光线方向性强，适合表现风格明快的物体。

（2）柔光箱

柔光箱由反光布、柔光布、钢丝架、卡口组成，如图 2–7 所示。柔光箱的作用就是柔化生硬的光线，使光质变得更加柔和。

（3）反光伞

反光伞是一种专用反光工具，可以使光发生散射，在被摄物体上形成大面积的散射光，如图 2–8 所示。按伞面的内涂层颜色，反光伞可以分为银色、白色、金色、蓝色 4 种类型。

（4）束光筒

束光筒又称“猪嘴”，是防止光线扩散的工具，套在灯头上使用，如图 2–9 所示。束光筒常用于制造局部较强光，以强调商品的局部。

（5）反光板

根据环境需要用好反光板，可以让平淡的画面变得更加饱满，表现出良好的影像光感、质感。从颜色来看，反光板有金色、银色、白色、黑色 4 种类型；从材质来看，反光板有硬反光板和软反光板，如图 2–10 所示。

图 2-7　柔光箱

图 2-8　反光伞

图 2-9 束光筒

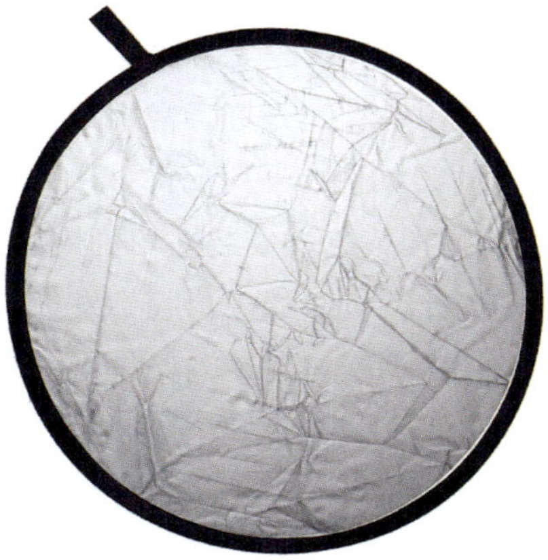

图 2-10 反光板

三、辅助拍摄器材

在商品拍摄过程中，为了保证照片的质量和实现某些特殊效果，除了需要配备高性能的数码相机和灯光设备外，还需要借助辅助拍摄器材，以保证相机和灯光设备发挥其应有的作用。

1. 三脚架

三脚架是在商品摄影过程中必不可少的器材，如图 2–11 所示，它的主要作用是稳定相机。三脚架顶端用于固定相机的部分称为“云台”，是相机的稳定器，起到平衡与稳定的作用。

2. 灯架

灯架在商品拍摄的过程中用途非常广泛，既可以用于固定影室闪光灯、柔光箱、闪光灯等灯光器材，又可以用作搭建摄影背景的支架，如图 2–12 所示。

图 2-11 三脚架

图 2-12 灯架

3. 引闪器

当相机需要外接闪光灯时，需要通过引闪器来连接相机和闪光灯，常用的引闪器是无线引闪的，如图 2–13 所示。引闪器通常是成对使用的，发射器安装在相机热靴上（也有可以连接计算机端的），起到发射闪光信号的作用，接收器安装在闪光灯上，起到接收引闪器信号的作用。

图 2-13　引闪器

4. 静物摄影台

静物摄影台是放置商品和道具的专用平台，是商品拍摄中常用的设备，如图 2–14 所示。摄影台一般由铝合金支架支撑，可以快速组装台板，后背可以根据需要自由控制俯仰的角度。

5. 拍摄背景

拍摄背景在商品拍摄中同样是不可缺少的，它可以衬托出商品主体。但背景纸不宜太花哨，不能喧宾夺主，要简洁，颜色既可以是白色的，也可以是其他颜色纯色的，如图 2–15 所示。

图 2-14　静物摄影台

图 2-15　拍摄背景

知识拓展

棚拍静物与人物的辅助器材

1. 棚拍静物的辅助器材

棚拍静物一般只需要一个摄影师即可完成，辅助器材包括静物台、棚拍闪光灯（或常亮灯）、米菠萝及反光板。

（1）静物台

静物台，顾名思义是用来放置拍摄物体的一个台子，背板和底板连接处呈弧形，用来消除连接处的阴影。

（2）棚拍闪光灯

棚拍时，应更加注重还原商品本身的色彩，由于常亮灯的光源不是很稳定，因此更多的时候选择使用棚拍闪光灯。一般我们需要一个高功率和两个低功率的棚拍闪光灯，棚拍闪光灯配件有标准罩、柔光箱、八角柔光箱和灯架等。

（3）米菠萝和反光板

米菠萝和反光板均用来反射光线，其作用是代替一盏低功率的棚拍闪光灯。米菠萝是一块泡沫板，用于光的漫反射，而反光板是一块塑料板，进行镜面反射。

2. 棚拍人物的辅助器材

棚拍人物和棚拍静物所需的器材总体相同，例如，棚拍人物时同样会使用到棚拍闪光灯、米菠萝及反光板等配件，另外还需要柔光屏和背景纸。

（1）柔光屏

柔光屏的作用和遮光板相似，都是遮挡一部分光线，但是柔光屏的主要作用是分散光源，使得光线更加柔和，照射范围更广。

（2）背景纸

棚拍人物时最常用、最基本的场景布置就是用单色无缝背景纸和背景棉纺布作为背景，与背景纸配套的还有背景纸架。颜色方面，一般选择饱和度比较低的颜色，通常会准备白色、灰色及一块黑色的吸光布。由于布料的吸光特性，在拍摄纯黑背景时，吸光布要比纸质背景纸更合适。不过在童装摄影和拍摄活动海报时，一般会选择颜色较为鲜艳的背景纸。

三、影响成像的关键因素

影响摄影成像的关键因素包括感光度（ISO）、光圈和快门。

1. ISO

在胶片时代，ISO 指的是胶片对光的敏感程度。测量这种灵敏度的刻度有 100、200、400 等，数值越低表明胶片对光的敏感度越低。所以，如果拿到一卷 ISO 100 胶卷，由于它对光线相对不敏感，往往需要在明亮的灯光下拍摄。一卷 ISO 400 胶卷适合在较低的光照条件下使用，例如在室内拍摄。

在胶片时代，ISO 指的是使用胶片的物理质量；在数码摄影时代，它是相机内部的一个电子过程，指的是 ISO 控制相机传感器对光的敏感度。ISO 数值越低，照片越暗；数值越高，照片越亮，如图 2-16 所示。但要注意的是，ISO 越高，照片产生的噪点也就越多，如图 2-17 所示。

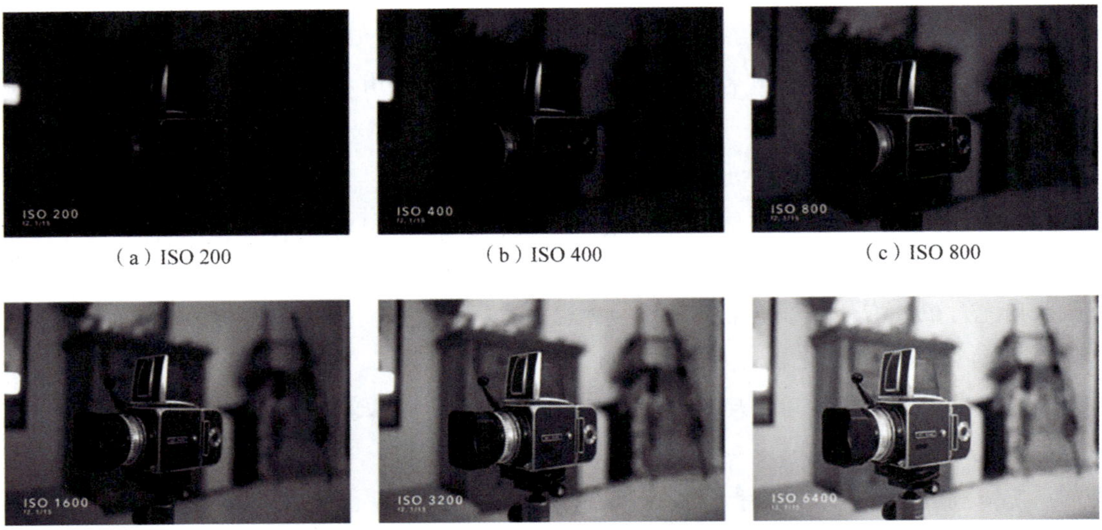

（a）ISO 200　（b）ISO 400　（c）ISO 800

（d）ISO 1 600　（e）ISO 3 200　（f）ISO 6 400

图 2-16　ISO 数值对照片亮度的影响

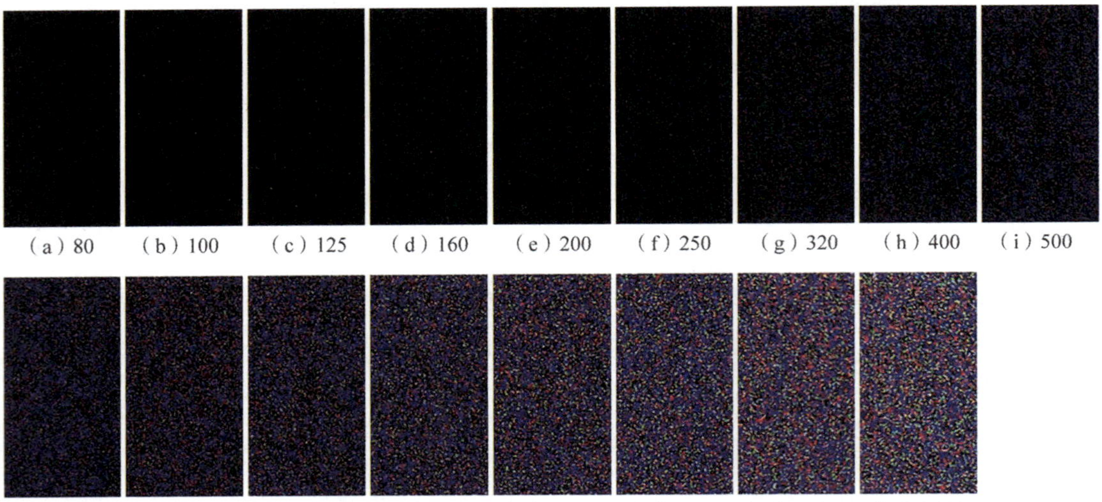

（a）80　（b）100　（c）125　（d）160　（e）200　（f）250　（g）320　（h）400　（i）500

（j）640　（k）800　（l）1 000　（m）1 250　（n）1 600　（o）2 000　（p）2 500　（q）3 200

图 2-17　不同 ISO 数值与噪点的关系

2. 光圈

光圈是拍摄时镜头打开的大小，光圈的大小直接影响进光量和景深，光圈是以“f/”标注的，如 f/2.8、f/4、f/5.6、f/22 等。光圈改变一挡，镜头中开孔的大小会变为当前大小的一倍或一半，进光量也随之增加一倍或减少一半。

“f/”后的数字越小，则光圈越大，进光量越多；反之，“f/”后的数字越大，则光圈越小，进光量越少。相同的 ISO 与快门条件下，光圈越大，画面就会越亮。在昏暗环境中或室内没有强光源的情况下拍摄时，建议使用较大的光圈。在光线充足的情况下或拍摄风景时，一般使用较小的光圈。

改变光圈会对拍摄造成众多影响，其中最值得注意的是景深问题。景深是指相机能够取得清晰的成像所测定的被摄物体前后距离范围。大景深意味着照片无论远近，景物大部分都是清晰的；小景深意味着照片中只有一部分画面是清晰的，其他画面都被虚化掉了。大光圈会减少景深，小光圈会增加景深。f/2.8 属于大光圈，常用于营造背景模糊的浅景深；使用 f/16 小光圈，拍摄主体与背景均比较清晰，如图 2–18 所示。

（a）f/1.4　（b）f/2　（c）f/2.8

（d）f/4　（e）f/5.6　（f）f/8

图 2-18　光圈的效果比较

3. 快门

快门是镜头前阻挡光线进来的装置，快门速度代表着曝光时间的长短。快门速度越快，进光量越少；快门速度越慢，进光量越多。通常在光线充足的条件下，所需的曝光时间较短；在光线不足的状况下，所需的曝光时间较长。长时间曝光需要搭配三脚架来稳定相机，避免影像产生晃动的残影。

常见的快门速度有：1、1/2、1/4、1/8、1/15、1/30、1/60、1/125 等，相邻两级快门速度的曝光量相差约 1 倍。

此外，还有 B 快门和安全快门。B 快门是用户自己控制快门开启的时间长短，在按下快门键时快门开启，直到放开快门键后快门才会合上。安全快门是一个避免手持晃动而造成影像模糊的最慢快门。

快门与成像之间的关系是：曝光时间短，画面是冻结静止的状态，如图 2–19 所示；而当曝光时间拉长，影像将会记录下一整段运动轨迹，如图 2–20 所示。

图 2-19　曝光时间短的照片效果

图 2-20　曝光时间长的照片效果

知识拓展

拍照过程中的常见问题

图片在网店营销中扮演着非常重要的角色，一张好的图片可以让推广事半功倍，然而有很多卖家在拍照过程中都会遇到以下常见问题。

1. 画面过暗或过亮

在拍摄过程中，曝光过度或不足就很容易把商品拍得过亮或过暗，在视觉上给人不舒服的感觉，让人无法看清楚商品的形状、样式、材料和质感。如果图片太暗，买家无法看清楚材质；如果图片太亮，会给人廉价的感觉，无法突出质感。

2. 商品颜色失真或模糊

色差严重会使原本红色的帽子变成深红色。色差过大既会增加退换货的概率，又会增加客服的售后工作量。如果将小茶叶罐拍摄得过于模糊，使人看不清楚上面的图案，会给人一种廉价的感觉。

3. 商品的摆放疏密不当，道具搭配欠合理

商品采用有序列感、疏密相间的摆放方式，可以使画面显得饱满、丰富而不失节奏感和韵律感，否则会显得相对呆板。

4. 展示不够、角度不够、细节不够

如果忽略了商品细节的展示，买家就很难通过一张图片来决定是否购买该商品。

5. 拍摄背景失当

网店拍摄商品时常用的背景色有3种：黑、白、灰。这3种颜色是中性的，几乎适用于搭配所有色彩。如果背景元素过多，拍出的画面就会杂乱、不整洁、不清晰，也无法突出被拍摄的商品，使买家一目了然。

任务二　拍摄方案制定

商品拍摄方案是指为了展示和促销商品而制订的摄影计划。制定拍摄方案首先要全面了解商品，其次要确定拍摄风格。

一、全面了解商品

商品的卖点就是商品的特点，区别于其他同类型商品的功能、优势、特色。在进行商品拍摄前，先要通过研究商品的形状、功能等属性来寻找商品的卖点。

1. 商品的外观形态

商品的外观形态包括外形、款式、色泽、结构、尺寸和透明度。在展示商品外观时，要考虑商品的形状是否规则、是否有多种颜色、是否透明，以及软硬程度与光泽度如何。可以用拼图的形式展示商品的外形、款式、材质等。

2. 商品的功能

商品的功能是商品的用途。通过图片展示商品功能时，需要详细了解商品的功能特色，并根据功能特色搭配道具，选择拍摄区域，再进行商品细节图的拍摄。图2–21集中展示了商品的用途、功能、外观等。

3. 商品的材质

商品材质的好坏在顾客选择商品时起决定性作用。在拍摄时，可以通过色泽、纹理等体现商品的质感，以展现材质的优良，如图2–22所示。

图2-21　商品功能展示

图2-22　商品材质展示

4. 商品的品牌、标签等

除了商品本身的属性特点外，商品的品牌也可以进行塑造。很多知名品牌本身就是一个很好的卖点，通过营造特殊的品牌氛围，突出展示品牌形象，也会让客户感受到品牌的时尚、尊贵。

二、确定拍摄风格

商品的类型、材质、功能不同，拍摄的风格也有所不同。在拍摄之前，要构思好画面的拍摄风格，确定主体和陪体的布局、道具与背景的搭配运用以及灯光的布局。根据所拍摄的商品，寻找一些同类商品的卖家照片做参考，并结合所拍摄商品的特点，确定整体的拍摄风格。

在确定拍摄风格时，需要考虑到商品类型、目标受众、品牌定位以及竞争对手等多个因素，并尝试在拍摄风格上做出创新，以吸引更多的目标消费者，具体如下。

1. 商品类型

不同类型的商品适合不同的拍摄风格。比如，时尚服装适合潮流、高端的风格，而家居产品则适合朴素、自然的风格。

2. 目标受众

根据商品的目标受众群体来决定拍摄风格。例如，面向年轻人的商品可以选择较为时尚前卫的风格，面向年长者则可以选择比较温馨、亲切的风格。

3. 品牌定位

品牌的定位也会影响商品的拍摄风格。如果品牌追求高端奢华，那么拍摄风格要更加豪华，如果品牌追求清新自然，那么拍摄风格则需要更加自然、朴实。

4. 竞争对手

一些商品在市场上可能有很多竞争对手，因此可以从竞争对手的拍摄风格中汲取灵感，并尝试做出不同的风格来突出自己的品牌和商品。

5. 活动主题

有些商品拍摄是与特定活动相关的，如节日促销或季节推广等，这时可以将活动主题与商品拍摄风格相结合，以增强吸引力。

案例导入

制定眼镜拍摄方案

某全球速卖通店铺要进行商品上新，该店铺经营各种眼镜框、太阳镜等商品。现在需要确定整体的拍摄风格，完成上新商品的拍摄。下面为拍摄方案的制定步骤。

1. 明确拍摄风格

根据商品的类型、材质、功能确定商品的拍摄风格。

2．制定具体拍摄方案

商品拍摄的风格确定后，需要确定拍摄的具体内容和套图数量。在拍摄商品的过程中，应该根据商品表面和内部结构的特点，以及需要展示的局部细节，来确定需要拍摄的具体内容，同时确定拍摄的数量。表 2–2 为太阳镜商品图拍摄方案。

表 2-2　太阳镜商品图拍摄方案

商品名称	太阳镜	交稿时间		拍摄时间	
拍摄要求	表现出太阳镜的透明感和光泽感				
整体大图	太阳镜的侧面、正面、背面分别与眼镜盒合拍，以及在静物台上以俯视角度拍摄				
多角度图片	眼镜折叠腿正面拍摄、眼镜折叠腿 45° 角摆放侧面拍摄、打开眼镜腿正面拍摄、打开眼镜腿 45° 角摆放侧面拍摄、打开眼镜腿背面拍摄，以及在静物台上以俯视角度拍摄				
参数信息	镜片：6 cm × 5 cm；镜框：18 cm × 5 cm；镜脚：12 cm。（正面、侧面各拍摄 1 张，后期进行尺寸标注）				
款式颜色	玳瑁色				
细节特写	眼镜腿、金属经典字标				
卖点信息	特殊的材质，独特的颜色搭配，创新的细节；框形圆润流畅，镜腿以奢华水钻镶嵌经典字标，极具高贵典雅的气息				
模特图	无				

3．进行商品分类

在拍摄时，最好先将所有商品根据拍摄中的可变因素进行细致的分类，将商品的材质、大小、颜色以及反射率等因素放在一起综合考虑并进行分类，然后按顺序拍摄。

4．确定拍摄顺序

分门别类后，有计划地按顺序拍摄。先从最简单、最容易操作和表现的商品开始拍摄，然后拍摄那些搭配复杂、需要用辅助器材才能拍摄的商品。

5．制定拍摄步骤

（1）先用全景拍摄商品的完整图片，再用中景、近景、特写拍摄商品的局部图片。

（2）先从正面拍摄商品主图，再从侧面、背面等不同角度拍摄商品的外观形态。

（3）先拍摄商品外观形态的图片，再拍摄商品内部结构或功能展示的图片。

6．选择拍摄器材

在拍摄前，需要对拍摄中所要使用的器材包括辅助配件进行检查，以确保拍摄的顺利进行。根据室内或室外不同的拍摄环境来准备照明用具。在进行室外拍摄时，一定要多准备几块反光板；在进行室内拍摄时，要准备好柔光箱、反光伞等辅助配件。

任务三　环境与布光

拍摄中的环境与布光是影响照片效果的关键因素。环境指拍摄地点的选择和布置，包括背景、道具、景观等，它们能够为照片增添情境和氛围。布光则是确定照片亮度、阴影和色彩的重要手段，通过调整光源的位置、强度和色温等，可以突出产品的特点，创造出理想的照明效果。因此，在拍摄中，合理选择和利用环境因素，并灵活运用布光技巧，将有助于产生出令人满意的作品。

一、光的类型

1. 自然光

自然光就是指以太阳为光源照射到地球上的光线，不但指晴天的阳光，而且包括阴、雨、雪、雾天气情况下所反射的光线，还有夜晚的月光和室内没有人工照明情况下所见到的光线。

自然光下拍摄对器材附件的要求较低。优点：不需要费用，亮度充足，照射范围广。缺点：拍摄受制于天气，完全依赖自然光；拍摄受时间限制，如正午的烈日下和晚上太阳落山以后都不适合拍摄。图 2–23 为自然光下拍摄的车衣。

图 2-23　自然光下拍摄的车衣

由于太阳和地面构成夹角不同，自然光可根据全天直射阳光的变化情况分为 3 个照明阶段。在不同的时间，阳光照射物体后产生的阴影变化也会有所不同。上午和下午是运用阳光拍摄比较理想的时段。

阳光会随着时间的推移而发生变化，即光线的色温变化。色温值越低，光线的色彩越接近红色；色温值越高，光线的色彩越接近蓝色。在一天中，随着时间变化，阳光的色温会产生变化，其色彩自然也会随之产生变化。因此，在不同自然光下拍摄的商品也会在光影和色温方面有所不同。

2. 人工光源

常用于商品拍摄的人工光源包括小型携带式闪光灯、石英灯、钨丝灯、高频冷光灯及大型电子闪光灯。不同的灯具类型具有不同的色温，会影响图片的色调。各种人工光源的特点见表 2–3。

表 2-3 各种人工光源的特点

灯具类型	色温	特点
小型便携式闪光灯	5 600 K	闪光时间短，使用方便，光线覆盖区域小，照明效果不均匀
石英灯	2 800 ～ 3 400 K	亮度强，色温稳定，寿命长；容易形成点光源，易发热
钨丝灯	3 200 K	体积小，光量大，易发热；温度越高，色温越偏蓝
高频冷光灯	5 500 K	寿命长，色温稳定，不发高温，亮度强，可调节控制光亮
大型电子闪光灯	6 000 K	闪光时间短，亮度强，可调节光强度，控制光量，改变光源方向、光质和色温

人工光源的分类如下。

（1）连续光源

连续光源使用常亮灯，常应用于非专业摄影，适合刚刚接触摄影的人。其优势是便宜且轻巧，方便携带。其劣势是亮度不够，发热量较大。

（2）瞬间光源

瞬间光源是专业摄影中较常采用的。其优势是亮度强，能瞬间发出强闪光，可调整亮度大小参数，不易发热，效果好。其劣势是价格比较贵，占地空间大，专业性要求较高。

目前，商品拍摄光源多采用电子闪光灯，常用的有伞灯、柔光灯、雾灯、泛光灯和投光灯等。

知识拓展

硬光与软光的运用

光质是指光线展现出来的一种特质。按光线的性质和特点来分，光线有直射光、散射光和反射光 3 种。其中，自然光线下的直射光、散射光分别对应摄影棚里照明光线的硬光与柔光。硬光用于展现商品表面的质感，软光用于展现商品的细节。

1. 硬光

硬光又称硬质光，其特点是能够产生浓重的、边缘锐利的阴影。在硬光的照射下，场景明暗之间的分界线变得十分明确。硬光的作用主要是增强商品的立体感和表面的质感。

2. 软光

软光又称软质光，如果增大光源的面积，硬光有可能转变为软光。光源增加的面积越大，光质越柔和。软光照射下可获得影调柔和的商品图片，由于阴影很少，因此商品的各种细节可以得到充分而全面的展现。

当阳光过于强烈时，摄影过程中要用到反光板，因为硬光作为一种强光容易导致模特的脸部阴影较重，这个时候反光板就能发挥重要作用了，可以给模特的脸部阴影区域补足光线。

户外拍摄的最佳时段是上午 9：00–10：30 和下午 3：00–4：30，这个时间段内的光线不会太强烈，并且是侧光，适合进行人像拍摄。另外，阴天也是非常适宜拍摄人像的天气。

二、光位与光型

1. 光位

在商品摄影中，光位不仅决定商品明暗所处的位置，而且影响商品的质感和形态。光位可以千变万化，但在商品与相机位置相对固定的情况下，光位可分为顺光、前侧光、后侧光等，如图 2–24 所示。在拍摄中既可以采用顺光的拍摄手法，也可以采用侧面布光的方式。

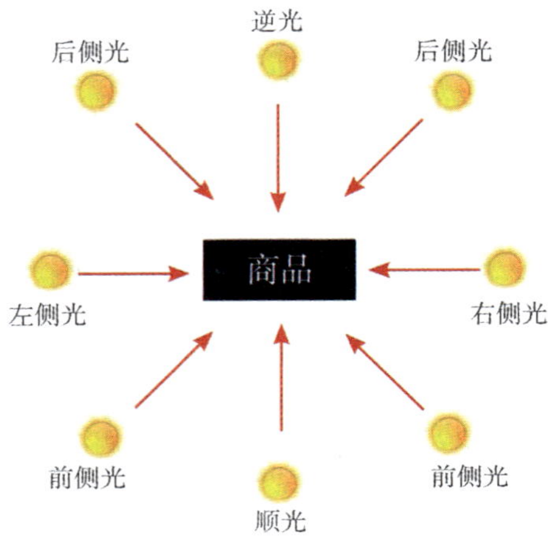

图 2-24　光位

2. 光型

商品在拍摄时所受到的照射光线往往不止 1 种，各种光线有着不同的作用和效果。光型是指各种光线在拍摄时对商品起的作用。光型通常分为主光、辅助光、轮廓光、装饰光和背景光 5 种。

（1）主光

如图 2–25 所示，主光是商品拍摄中的主要照明光线，用于塑造商品的形态和轮廓。顺光、侧光、侧逆光都可以作为主光。主光的位置决定了摄影的用光造型效果。

图 2-25　商品拍摄中的主光

（2）辅助光

辅助光是提供辅助照明的光型，用于补充主光照明的不足，给商品的暗部提供光线。辅助光通常位于或邻近相机中轴线的位置，其高度和相机的高度一致，放置在与主灯相对的一侧。

（3）轮廓光

轮廓光用于勾勒被摄物品的外形轮廓。在拍摄商品时，通常用逆光和侧逆光作为轮廓光，可以在商品边缘形成高亮的光条，赋予商品立体感和空间感。

（4）装饰光

装饰光又称平衡光，主要是打出眼神光，使用的是较小的灯，或者打在其他光型（主光、辅助光、轮廓光、背景光）达不到的地方，用于加强细部亮度，表现商品的质感和轮廓。此外，装饰光也用于消除人物面部的缺陷，如使瘦削的面庞显得丰满些。

（5）背景光

背景光是照射背景的光线，可以衬托商品主体，使其产生立体感。

三、布光

1. 布光方式

为了取得理想的光影效果，在摄影棚内布光时要掌握以下布光技巧。控制好光源面积和扩散程度以保证足够的照明亮度；选择合适的灯距；尽量少用灯具，多用反光器具；做好恰当的光比控制。图 2–26 所示为摄影灯基本布光方法。

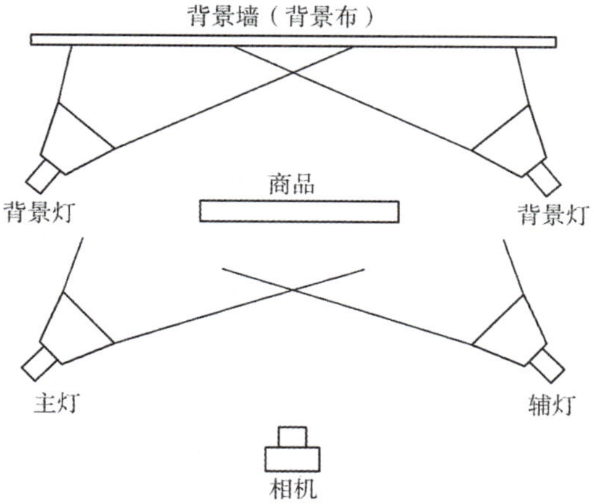

图 2-26　摄影灯常用布光方法

（1）正面均衡布光

正面均衡布光是商品拍摄中最常用的布光方式，正面投射的光线全面而均衡，可使商品展示全面，不会有暗角。

（2）顶部 45° 布光

顶部 45° 布光使商品的顶部受光，正面没有完全受光，适合拍摄外形扁平的小商品，不适合拍摄立体感较强且有一定高度的商品。

（3）单侧布光

单侧布光会使商品一侧出现严重阴影，底部的投影也很深，商品表面很多细节无法得到呈现，同时由于减少了环境光线，增加了拍摄难度。

（4）前后交叉布光

前后交叉布光是从商品后侧打光，既可以表现出商品表面的层次感，又保全了所有的细节，比单纯关掉一侧灯光的效果更好。

（5）后方布光

后方布光的方式会因使商品的正面没有光线而产生大片阴影，无法展现商品的全貌。除拍摄通透性的商品外，不要轻易尝试这种布光方式。

2. 商品材质与布光

商品的结构质地和表面肌理各不相同，因而吸光和反射光的能力也不同。根据不同材质对光线的不同反应，大致可以把商品分为吸光类商品、反光类商品和透明类商品。要表现不同的材质就要采用不同的布光方法。

（1）吸光类商品的拍摄

吸光类商品一般表面粗糙、不光滑，大部分可以直接观察到其结构、质地。这类商品对光线的反射比较稳定。吸光类商品主要包括皮毛、布料、橡胶、粗陶等材质的制品，如图 2–27 所示。

吸光类商品的最大特点是在光线的投射下会形成完整的明暗层次效果，其中最亮的高光部分显示了光源的颜色，明亮部分显示了商品本身的颜色和光源对商品本身的影响，而商品的亮部和暗部的交接部分则没有什么可以特别显示的，所以在拍摄吸光类商品时可以采用较硬的直射光进行照明，这样能够强化其质感。

（2）反光类商品的拍摄

反光类商品一般是指商品表面如镜面一般光滑，对光线有强烈的反射作用，通常不会出现柔和的明暗过渡现象。反光类商品一般包括不锈钢制品、瓷器、电镀商品、玻璃制品等。

在拍摄反光类商品时，由于其光洁度高，布光稍有不慎就会出现明显的不均匀，或者会将周边的物品清晰地映照在商品表面上，从而出现光斑，因此，在拍摄反光类商品时，布光中最关键的就是对反光效果的处理，尽量采用软光、散射面积大的柔光做主光源。

如图 2–28 所示，在拍摄不锈钢勺子时，右侧用黑卡纸挡住光线，在不锈钢勺子上面营造黑色的反光；左侧用主灯，但主灯要经过柔光处理。

图 2-27　吸光类商品的拍摄效果

图 2-28　反光类商品的拍摄效果

（3）透明类商品的拍摄

在商品摄影中，很多商品都是透明的，如玻璃杯等玻璃材质商品。透明类商品的拍摄有相当的难度，通过观察拍摄台上摆放的几件透明商品，可以发现在商品表面形成了很多反光点，而这些反光点是要尽可能避免的。我们需要的画面是整洁、干净、利落的。

拍摄透明类商品时主要有两种拍摄风格。第一种拍摄风格是使用白色背景，这样的画面更加简洁、干净，如图 2–29（a）所示。用白色背景拍摄透明商品时需要注意：尽可能不要使用在被拍摄商品前面打出的光线，如正光、前侧光，而应尽量使用背光的方式来拍摄。因为拍摄者打出的背光透过被拍摄商品，可以让整体的视觉效果更加干净、整洁。这是透明类商品拍摄中最基本的布光方法。在拍摄这类商品时，还可以采取下列措施：如拍摄酒杯时可以用顶灯照在杯口以将杯口表现出来；透明瓶子前面贴有标签时，可以使用光纤笔或手电给前方的标签进行补光，最终达到商品图片所需的拍摄效果。

第二种拍摄风格是使用黑色背景。在使用黑色背景进行拍摄时，需要的边缘效果与使用白色背景拍摄时刚好相反，需要的是白色而不是黑色。这时在场景布置上可以在商品两侧各布一个灯来为商品勾出一道白边。如果想在拍摄中获得更加出色的拍摄效果，还可以在商品底部打一个脚光，让整个商品看起来更加通透、高雅，如图 2–29（b）所示。在拍摄过程中，要避免商品两侧所打的光在画面中穿帮。这也是拍摄透明类商品时最基本的布光方法，在实际的拍摄中，摄影师也可以根据具体情况来发挥创意。

（a）

（b）

图 2-29　白、黑两种背景下玻璃瓶的拍摄手法

任务四　商品的构图与摆放

商品的摆放和构图是影响拍摄效果的重要因素。采用什么样的摆放方式最能体现商品性能、特点和价值，拍摄商品时如何构图，这是摄影师在拿起相机进行拍摄前需要思考的问题。

一、商品拍摄的构图方法

1. 横式构图

横式构图是指商品呈横向放置或者横向排列的构图方式。这种构图方式能够给人一种稳定、可靠的感觉，是一种常用的构图方式，如图 2–30 所示。

图 2-30　横式构图示例

2. 竖式构图

竖式构图是指商品呈竖向放置或者竖向排列的构图方式。这种构图方式可以表现商品的高挑、秀朗，常用来拍摄长条或竖立的商品。竖式构图在商品的拍摄中也是经常使用的，如图 2–31 所示。

扫一扫

静物拍摄技巧

3. 斜线构图

斜线构图是指商品斜向摆放的构图方式。这种构图方式的特点是富有动感、个性突出，对于表现造型、色彩或者理念等较为突出的商品，斜线构图方式较为实用，如果使用得当可以产生很不错的画面效果。如图 2–32 所示，在拍摄笔的过程中，拍摄者采用了斜线构图方式，把笔斜放，使整个画面富有动感。

图 2-31　竖式构图示例

图 2-32　斜线构图示例

4. 黄金分割构图

黄金分割是广泛存在于自然界的一种现象，在商品摄影中，简单来说就是将摄影主体放在位于画面大约 1/3 处，让人觉得画面和谐、充满美感。因此，黄金分割法又称三分构图法则，如图 2–33 所示。

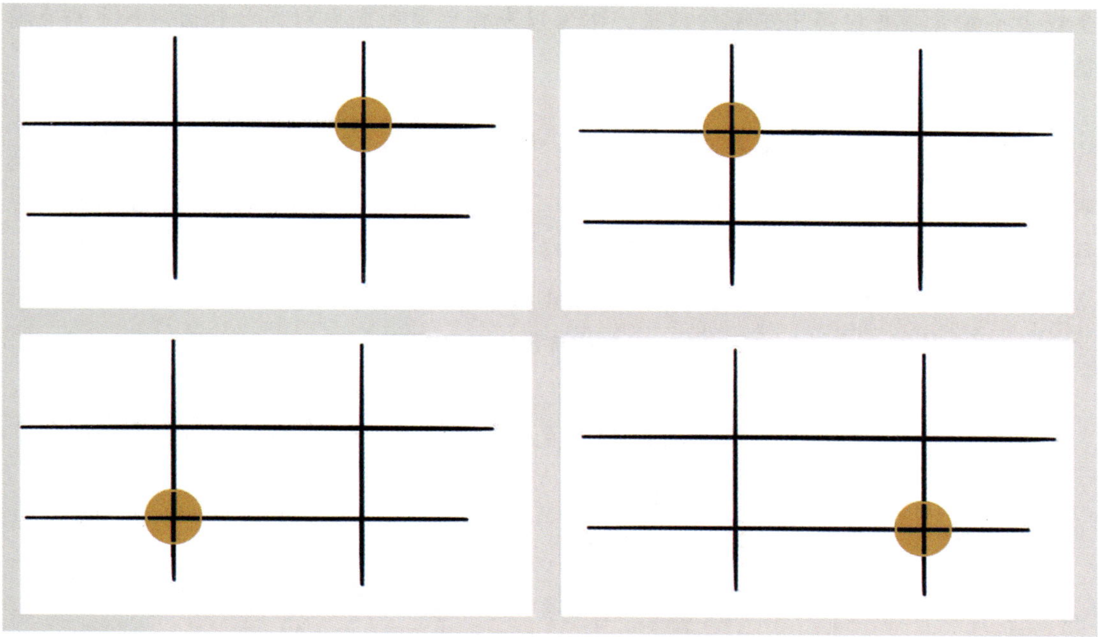
图 2-33　黄金分割点

知识拓展

人像构图

1. 人像在画面中的位置

电商摄影中，通常会利用九宫格构图法将人物的焦点即模特的眼睛或脸与画面的黄金分割点对齐，当人物的脸或眼睛处于这个位置时，画面呈现出平衡、舒适的感觉。

2. 人像所占的比例

电商摄影中，人物所占画面的比例一般不超过 2/3。由于室外拍摄是人物和景色结合的一种拍摄方式，因此，在较好地呈现主体的同时，应尽量留出更多的画面给环境，避免将人像拍得太满，当然，特写拍摄除外。

案例导入

皮带拍摄流程

某全球速卖通店铺要拍摄一组皮带的图片，以下为拍摄的整体流程。

1．拍摄要点

在拍摄皮带时，以皮带扣为拍摄重点，强调其金属质感，同时展示皮带的材质。采用 90°、45° 俯视等多角度拍摄，体现皮带的立体感，并将其不同侧面展示在同一画面里。通过细节特写，展示皮带扣、皮带纹理、皮带宽窄等皮带卖点部分。拍摄皮带时，单色背景或者条纹背景更能突出皮带的款式，本例以浅棕色反毛皮面料作为台面，采用褐色背景墙。

2．拍摄器材清单

拍摄器材清单关涉场景布置和照明布光。主光源采用右前侧高位带柔光箱的灯光照明，带来大面积的柔光照明，可以使皮带内、外侧受光均匀，明暗过渡均匀，光泽度好；辅助光源采用左前侧带反光伞的灯光照明，略硬的光线投射在金属皮带扣上，光泽度好、立体感强。拍摄该款皮带的布光说明如表 2–4 所示。

表 2-4　拍摄皮带的布光说明

名称	数量	说明
相机	1	带 M 模式的卡片相机或单反相机，50 mm 标准定焦镜头
三脚架	1	中型三脚架
灯光设备	3	1 个闪光灯，2 个柔光罩
反光板	1	60 cm 银色反光板
台布	1	褐色反毛皮台布
道具	若干	1 元硬币

3．造型技巧

皮带的拍摄重点通常聚焦在皮带扣上，在设计造型时，往往需要将皮带卷起叠放，皮带扣放在视觉中心的位置上。在拍摄时采用正面俯拍的角度，基本能够拍摄到皮带的整体。

简单的造型很难给消费者留下深刻的印象，由于皮带细长且有一定强度，因此可以通过造型设计来吸引消费者的关注。皮带的立体摆放也可以设计不同的造型效果，如可以设计不同的卷起方式，如图 2–34 所示，皮带摆放的造型立体且曲线优美。

图 2-34　皮带摆放

4．细节拍摄

皮带是常用的配饰，形状简单，消费者关注的通常包括皮带扣的式样、皮带的花纹、压缝走线、孔洞等能够展示皮带的风格和做工的细节。

为了展示皮带的材质，可以通过皮带的侧切面和真实体验来验证，每一个卖点都需要通过商品的不同细节来体现。如图 2–35 所示。

5．对比拍摄

皮带的宽窄会影响搭配效果，通过参照对比的方法可以让用户快速而直观地感受到此款皮带的宽窄。如图 2–36 所示。

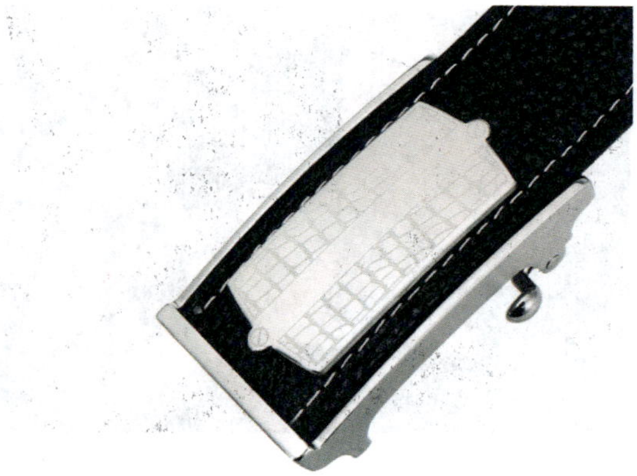

图 2-35　皮带的细节拍摄

图 2-36　皮带的参照对比拍摄

二、商品摆放

商品摆放大致有两种情形，一种是纯色背景的商品摆放，一种是带背景布景的商品摆放。

1. 纯色背景的商品摆放

进行纯色背景的商品拍摄时，通常将商品摆放至镜头的正中心。这是因为，第一，镜头中间是相机解析力最强的区域，可以得到最好的成像效果，且可以呈现商品全貌；第二，中心点是光线最均匀的地方。

同时，建议所拍的商品约占整个画面的 1/9，也就是说，我们将画面九等分，将商品置于中间的那一格，如图 2–37 所示。这样做的目的是留出大片的空间，便于后期处理。

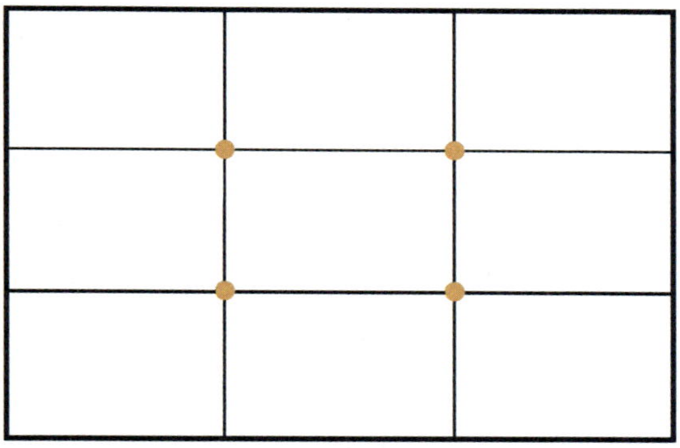

图 2-37　九宫格

那么，商品占比这么小，放大后会不会出现模糊的现象呢?

如果拍摄时使用全幅相机，那么拍摄的像素是足够的，而且电商页面不需要使用很大的图片来进行展示，因此并不用担心画面清晰度不够的问题。但如果相机是 C 画幅的，或要求所拍摄的照片呈现商品更多的细节，则建议适当放大商品在画面中所占的比例。

2. 场景搭建的商品摆放

如今，越来越多的商品拍摄需要进行小物品的搭配，使画面呈现需要的氛围，省去后期场景合成这一步骤，如图 2–38 所示。

场景搭建一般会分成背景、中景和前景。背景用于确定拍摄的氛围基调，例如，童装拍摄会选择棉麻或清新格子的背景布，男装则会使用水泥、木板等比较硬朗的背景。中景一般和商品处在同一平面的位置，用较小的道具进行点缀，例如仿真水果、玩偶等。当画面元素足够的时候，一般不会用到前景。

场景搭建拍摄时，通常会有两种摆放方式，一种是将商品置于正中间位置，理由和纯色背景一样；另一种是将商品置于画面的3/5处，这样可以避免画面呆板的情形，并且画面留白对后期制作海报非常友好。需要注意的是，在画面的空白处，要放上相对应的中景物品来平衡整个画面的视觉。

图 2-38　商品摆放

提示

如果拍摄多个商品，要考虑它们之间的摆放组合和协调性，确保商品之间的间距适当，并保持整洁和平衡。

任务五　室内静物与室外人像拍摄

一、室内静物拍摄

室内静物拍摄是一种在室内环境下拍摄静物产品或物品的摄影技术。这种拍摄方式注重细节和光影的控制，通过合理的构图和布光技巧，展现物品的细腻质感和独特魅力。在室内静物拍摄中，选择适当的背景和道具可以增强主题感，调整光源的角度和强度可以塑造出有层次感的阴影和高光，使照片更富有表现力。

1. 场景选择

（1）工作台

拍商品照需要搭建一个工作台，否则衬景和被摄商品将无处摆放。拍一般的商品照片时，工作台不需专门做，找一张方桌或写字台即可。

（2）背景

一个好的背景对创作一件成功的作品起着非常重要的作用。背景主要用来衬托实物，质地合适的布帛或素色的纸都是不错的选择。用图钉将其上端钉在墙上，让其下端顺势垂直悬挂下来，再缓缓地斜铺到桌面上，即构成了一块无缝连地衬景。此时将被摄商品搁置到布（纸）上，不会有地平线痕迹，画面也不会产生割裂现象。当然，也可以用静物台进行拍摄，操作非常简便。

对于一些比较小的实物，可以使用一个衬底来代替，黑色的天鹅绒能够吸收光线，使衬底看起来是纯黑色的，是不错的选择，如图 2–39 所示。

图 2-39　衬底

2. 布光

光线是所有摄影的基本元素，没有光线就没有照片，得到好的光线，摄影就成功了一半。在布光上要求做到光线指向明确、阴影明暗恰当。

（1）光线指向明确

光线指向明确是指画面光影不杂乱，通过阴影的走向可以判断画面的主光来源于约几点方向，且并无其他光源干扰。这类画面更加符合人的视觉习惯，在布光时，要确定主光源，让画面影调有条理，符合逻辑。

（2）阴影明暗恰当

阴影对于塑造体积感是极其重要的，缺乏阴影的画面将会失去存在感，如图 2–40 所示。但这并不意味着阴影越重越好。单灯的画面效果会使背光面非常暗。需要注意的是，应尽量避免在阴影区域过于随意地补充光线，产生两个或多个阴影。

图 2-40　有无阴影的效果对比

知识拓展

静物拍摄的角度与元素间的结合

1. 拍摄角度

一旦使用了三脚架，由于位置固定，容易导致所有的照片均出自同一拍摄角度。此时需要注意调整角度和高度，不要让固定位置限制了创造力。以平视、俯视或仰视等不同角度拍摄时，商品会呈现出不一样的感觉。

2. 元素间的结合

各种创作元素间的组合，对于拍摄一幅独一无二的、精美的电商作品是非常重要的。应考虑如何使作品中的各种元素达到最佳组合，确保在画面中只有主体和背景，不存在分散注意力的元素。在拍摄时也可以尝试使用创造性思维来改变元素的组合。

二、室外人像拍摄

室外人像拍摄是把自然环境当作背景，利用户外充裕且多变的光线、丰富多元的场景以及绚丽的色彩，去抓取人物形象、神态和气质的一种摄影行为。在拍摄过程中，要综合考量以下几方面因素。

1. 镜头选择

室外拍摄要注意人物和背景的结合，并学会合理使用太阳光。

在室外拍摄时，通常会携带 24 ～ 70 焦段镜头作为挂机头，因为这个镜头包含了 24、35、50 这 3 个人像经典焦段。使用 24 焦段拍摄较大场景的人像，使用 35 焦段拍摄人物的全身和较大比例的半身照，使用 50 焦段拍摄人物的上半身照片，使用 70 焦段来拍摄细节。

有条件的情况下还可以携带 85 和 135 焦段，用来拍摄远景或虚化背景。

2. 光线选择

在室外拍摄时，尽量选择正侧光进行拍摄，即光线在模特的正面偏左或偏右位置，这样能保证模特、衣服有着充足的光线。侧方位的光线可使模特脸上出现恰当的阴影，更有立体感。此时，甚至不需要借助任何器材，只要一台相机就可以拍摄出不错的照片。

拍摄背光的照片时，由于光线在模特的背面，模特脸部较暗，此时需要使用反光板，将模特背后的光线反射到模特的正面，如图 2-41 所示。

图 2-41　光线在背面的拍摄效果

室外拍摄要尽量避开正午，因为此时的光线是顶光，容易导致模特头顶发亮，而脸部阴影厚重，效果较差。万不得已要在正午拍摄的情况下，需用到反光板和遮光板，将遮光板放置在模特头顶来过滤掉太强的光线，同时将反光板放置在模特的正面下方，使光线反射到模特脸上和衣服上。

最适合拍摄的时间是太阳和地面成 45° 角的时候，一般是上午 9：00—10：30、下午 3：00—4：30，应选择这两个时间段拍摄较为重要的商品。

一般不建议晚上拍摄人像，因为常亮灯和闪光灯会带来较大的色差，但傍晚时分，很适合拍摄有大片意境的照片。

3. 环境选择

环境选择是室外拍摄需要考虑的重要问题。休闲度假类的商品，一般选择在树林、草地、花丛、海边或酒店等色调清新、能让人放松的场所进行拍摄，如图 2–42 所示；潮流或大气的衣服、箱包或其他偏正装的衣帽服饰，一般选择在街道进行拍摄；而在电商发达的城市，会选择在摄影基地进行拍摄，因为摄影基地景物多变，适合绝大多数商品的拍摄。

另外，室外拍摄还要考虑行人等因素，尽量避开行人比较多的地方进行拍摄，保证照片的背景较为干净，如果无法避开人群，可以选择墙面或门进行小场景的拍摄。

图 2-42　海边拍摄

课后实践

学习完本项目的内容后，认真完成表 2–5 的实践清单。

表 2-5　实践清单

模特外景拍摄训练	
实践任务	为某服装店拍摄一组模特外景照片
实践目标	通过拍摄一组模特外景，掌握有效的拍摄技巧，以展示服装店的产品和品牌形象。主要目标包括合适的构图、姿态控制、光线运用和场景选择，以呈现出吸引人的作品
实践步骤	（1）了解服装店的产品和风格，确定拍摄的主题，并明确想要传达的信息和情感； （2）根据主题确定外景拍摄地点。可以选择一些与服装店定位和风格相符的地点，例如城市街道、公园或特色建筑等，以增强视觉冲击力和情感共鸣； （3）根据服装店产品的特点和风格，选择适合的模特，并进行合适的服装搭配和造型； （4）在拍摄中，注重构图选择和模特的姿态控制。尝试不同的拍摄角度和构图方式，通过合适的姿态和表情展现服装的特点和时尚感； （5）在外景拍摄中，合理运用自然光和辅助光源，以突出服装的质感和色彩；掌握光线的方向和强度，可以运用反光板或闪光灯进行补光，营造出理想的照明效果； （6）拍摄完成后，进行必要的后期处理和修饰，调整色彩、对比度和清晰度，以及处理瑕疵等，以提升照片的质量和观赏性

续表

模特外景拍摄训练	
实践提示	（1）在外景拍摄中，需要掌握天气和光线的情况，灵活调整拍摄计划和元素，并注意模特的表情和姿态，引导其展示出服装的特点和个性； （2）尝试不同的拍摄角度和构图方式，以展现不同的视觉效果和创意； （3）当需要使用辅助光源时，合理运用反光板、闪光灯等工具，增强光线亮度，提升作品质量； （4）后期处理时保持适度，不要过度修饰，以保持照片的真实感和自然感
实践总结	

实践评价

完成以上实践清单后，认真完成表 2-6 的实践评价。

表 2-6　实践评价

评价内容	分值	得分
参与实践的积极性、主动性	25	
独立思考能力	25	
创新能力	25	
对室外人像拍摄知识的掌握程度	25	
教师点评：		

项目小结

商品拍摄需要综合考虑器材准备、方案制定、环境与布光、商品的构图与摆放等多个方面，同时也需要灵活调整和优化拍摄流程，以达到最佳的拍摄效果。

首先，要选择合适的相机和镜头，确保设备的稳定性和图像质量。

其次，要根据商品的特点和目标受众，制定合适的拍摄主题和风格，确定拍摄场景、道具和服装等元素。根据商品的特点和拍摄需求，选择合适的环境和光线。

最后，要掌握基本的构图技巧，合理安排商品的布局和位置，确保画面平衡、美观且能突出商品特点。对于室内静物拍摄，需要选择合适的背景和道具，将商品置于其中，确保画面整洁、有序。对于室外人像拍摄，需要选择合适的背景和角度，合理安排人物姿势和道具，突出人物特点和个性。

思考练习

1. **拍摄方案制定前需要全面了解商品的哪些信息？**
2. **商品拍摄的构图方法有哪些？**
3. **布光的方式有哪些？**

项目三

Photoshop 图像美化

项目导读

Photoshop 是一款强大的图像处理软件，可以用于图像美化。图像美化是指通过调整图像的色彩、对比度、饱和度、明暗度等参数，使图像更加美观、吸引人。在 Photoshop 中，可以通过多种方式实现图像美化，如调整色彩平衡、添加滤镜、调整曲线和色阶等。

学习目标

知识目标

（1）熟悉 Photoshop 的基本操作，包括界面布局、工具的使用等。

（2）学会使用 Photoshop 的抠图工具和技巧，实现图像的精确抠取。

（3）熟练掌握 Photoshop 的色彩调整功能，能够准确、快速地对图像的色彩进行调整和修饰。

（4）学会使用 Photoshop 进行文字编排和图形绘制，掌握设计元素的排版和组合技巧。

技能目标

（1）能够灵活使用 Photoshop 的各种工具和功能，如选择工具、修饰工具等，进行各种图像处理。

（2）具备抠图能力，能够在短时间内完成复杂的人像处理任务。

（3）能够灵活运用色彩调整工具，对图像的色调、亮度、饱和度等进行精确调整和修饰。

（4）具备良好的文字编排和图形绘制能力，以实现良好的视觉效果。

素质目标

（1）培养学生的审美能力，使其注重图像处理的精确性和美感，追求高品质的作品。

（2）培养学生的创新能力，使其能够在使用 Photoshop 进行图像处理时，有独特的设计思路和创意。

（3）培养学生的团队合作意识，使其能够与他人合作完成图像处理任务，具备协调沟通能力。

思政目标

（1）培养学生的责任和道德意识，使其在设计中注重正面价值观的传递，避免不良信息和负面影响的传播。

（2）培养学生积极的态度和持之以恒的精神，不断提升自己的技能和素质。

任务一 Photoshop 快速入门

Photoshop 是应用最广泛的图像处理软件之一，它提供了灵活多变的图像制作工具、强大的图片处理功能，广泛运用于平面设计、数码后期处理、电商美工设计等领域。电商平台的商品图片常用 Photoshop 工具来进行美化处理，使用 Photoshop 可以对图像进行修饰、对图形进行编辑、对色彩进行调整等。此外，Photoshop 还有绘图和批处理等功能，是跨境电商美工的必备软件。

一、Photoshop 工作界面

想要更高效地在 Photoshop 中工作，就必须熟悉它的工作环境。如图 3-1 所示，启动 Photoshop 后，打开任意一个图像文件，可以看到 Photoshop 的工作环境。

扫一扫

Photoshop 工作界面

在通常情况下，软件会将所做的变化存储起来，以保证工作的延续性。但对于初学者来说，每次开始新的创作都会因界面发生变化而感到无从下手。所以初学者必须对 Photoshop 的内部工作环境有一个全面、系统的认识。

1. 首选项

选择“编辑”→“首选项”，或使用快捷键“Ctrl+K”“Ctrl+2”命令，可以打开“首选项”对话框。在“首选项”对话框中，主要有常规，文件处理，显示与光标，透明度与色域，单位与标尺，参考线、网格和切片，增效工具及文字这几项设置。

2. 工具箱

工具箱包含了 40 多种可用工具，运用工具箱中的工具可以完成创建选区、绘画、绘图、取样、编辑、移动、注释和查看图像等操作，还可以改变图像的前景色和背景色，使

用不同的图像显示模式以及在 Photoshop 和 ImageReady 应用程序之间切换。

图 3-1 Photoshop 的工作环境

二、打开文件

（1）如图 3–2 所示，选择“文件”→“打开”命令，弹出“打开”对话框。

（2）在“打开”对话框中单击“查找范围”选项，如图 3–3 所示，在其下拉列表中确定要打开文件的位置。

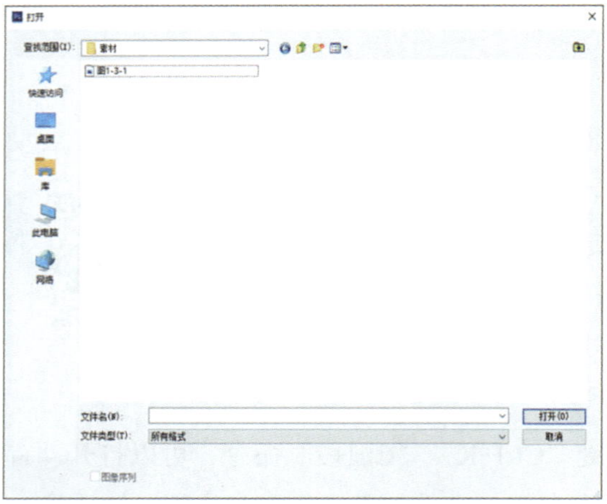

图 3-2 “打开”对话框

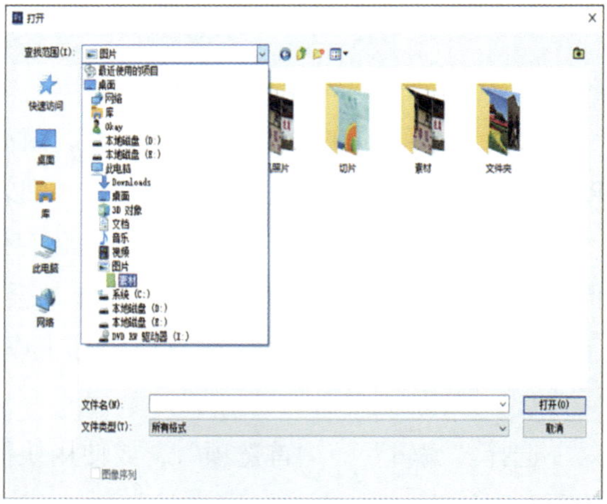

图 3-3 单击“查找范围”选项

（3）单击“向上一级”按钮，可选择当前文件夹的上一级，如图 3–4 所示。

（4）当“转到访问的上一个文件夹”按钮呈可选择状态时，单击该按钮，将回到已访问的上一个文件夹，如图 3–5 所示。

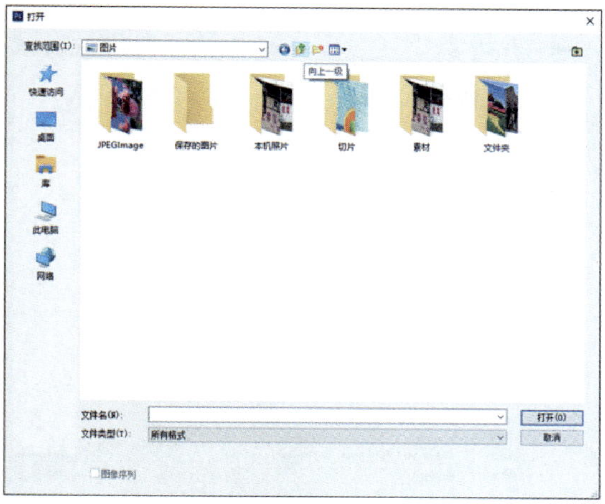

图 3-4 可选择当前文件夹的上一级

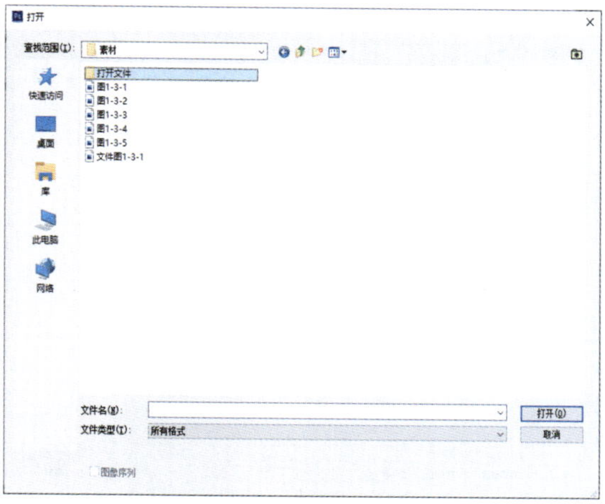

图 3-5 回到已访问的上一个文件夹

（5）单击“查看”菜单按钮，在打开的快捷菜单中选择“缩略图”命令，窗口中的文件将以缩略图显示，如图 3–6 所示。

（6）再次选择“查看”菜单中的“列表”命令，窗口中的文件将以列表形式显示。接着打开“文件类型”下拉列表，选择要打开文件的格式，在窗口中将只显示以此格式存储的文件，如图 3–7 所示。

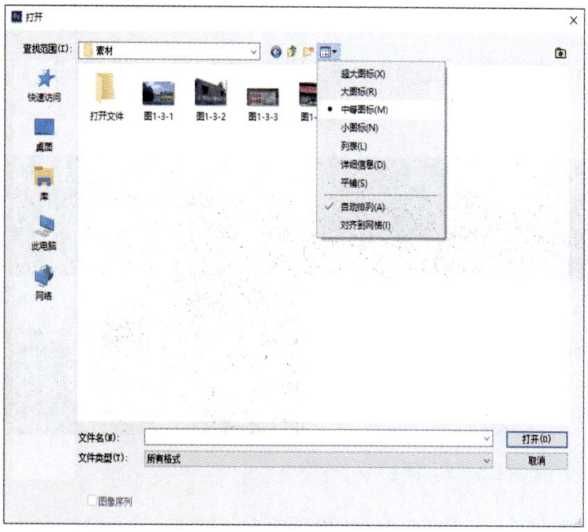

图 3-6 选择“缩略图”命令

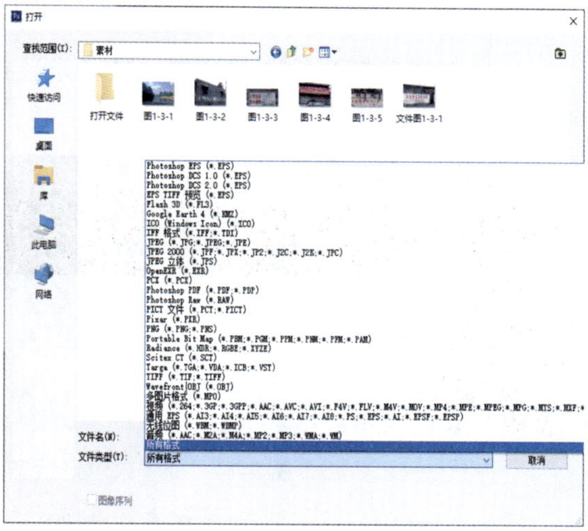

图 3-7 选择要打开文件的格式

（7）在窗口中选择需要打开的文件，则该文件的文件名就会自动显示在“文件名”文本框中，并在对话框底部显示当前选择文件的缩览图和文件大小。接着单击“打开”按钮，如图 3–8 所示，即可打开选择的图像文件。

（8）在工作区域内空白处双击鼠标，单击“打开”对话框。按下“Ctrl”键的同时单击选取图像文件，所有被选择的图像文件名都以蓝底白字反显，如图 3–9 所示。

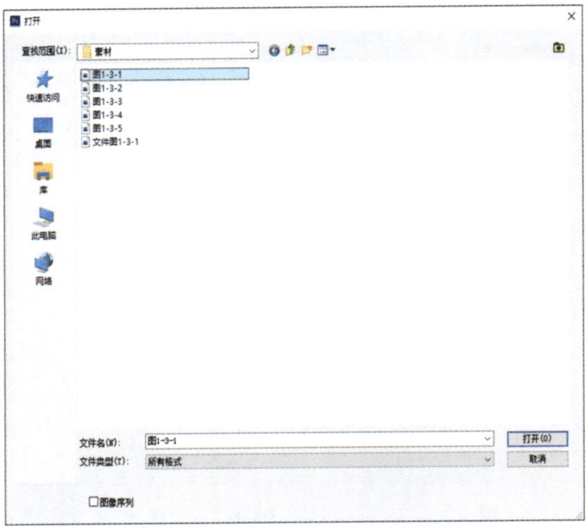

图 3-8　单击“打开”按钮

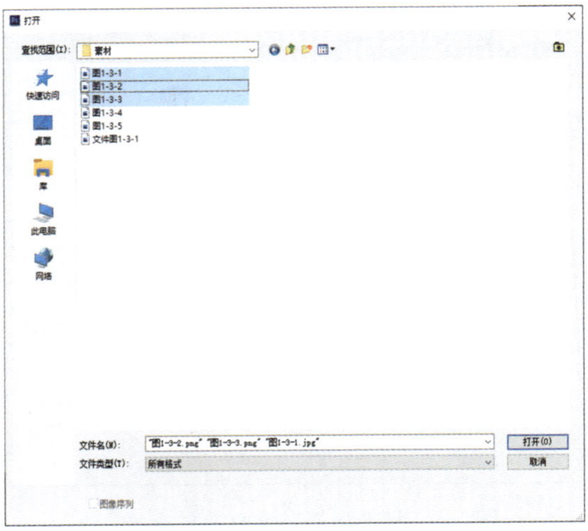

图 3-9　所有被选择的图像文件名都以蓝底白字反显

（9）单击“打开”按钮，Photoshop 将为每一个图像文件创建一个图像编辑窗口，如图 3–10 所示。

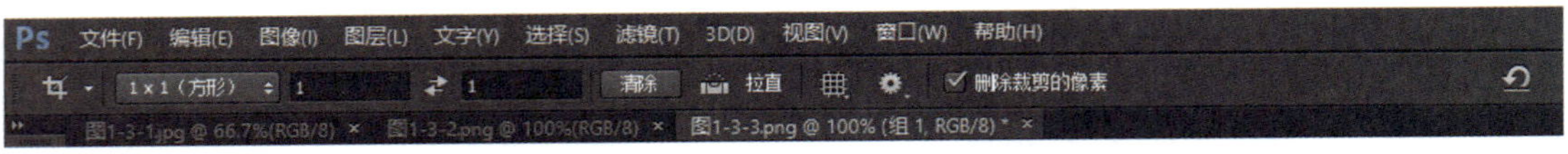

图 3-10　新创建的图像编辑窗口

（10）观察打开的图像窗口，处于未选择状态的图像窗口其标题栏呈灰色，如图 3–11 所示。

图 3-11　处于未选择状态的图像窗口其标题栏呈灰色

（11）在 Photoshop 中打开多个文件后，常常有一些较小的图像窗口被遮盖而导致无法通过单击选择该文档。在这种情况下，可以按下“Ctrl+Tab”键来依次切换工作界面中的文件。另外也可以打开“窗口”菜单，在该菜单底部列有所有已打开的文件列表，选择相应文件名即可将该文件选中，如图 3–12 所示。

图 3-12　选择相应文件名

（12）若限制打开文件的格式，选择“文件”→“打开为”命令，打开“打开为”对话框，如图 3–13 所示。

图 3-13　打开“打开为”对话框

（13）选择要打开的文件，单击“打开”按钮，如果选取的文件格式与设置的“打开为”格式不匹配，将弹出如图 3–14 所示提示对话框。

（14）如果需要对近期在 Photoshop 中打开的图像文件继续进行编辑，则选择“文件”中→“最近打开文件”命令，在其子菜单下，将列举出以前打开过的文件名称，单击文件命令即可重新打开该文件，如图 3–15 所示。

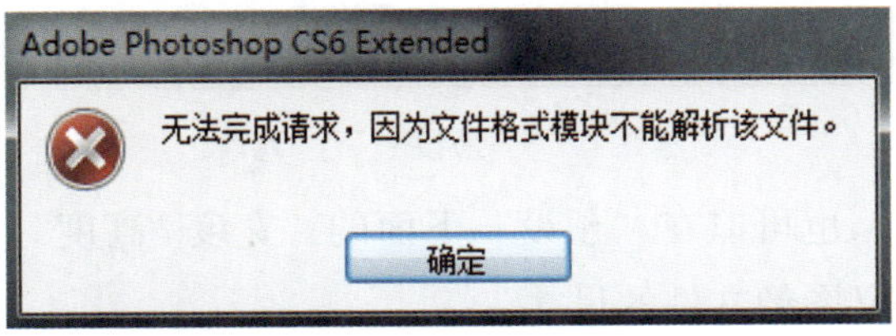

图 3-14　提示对话框

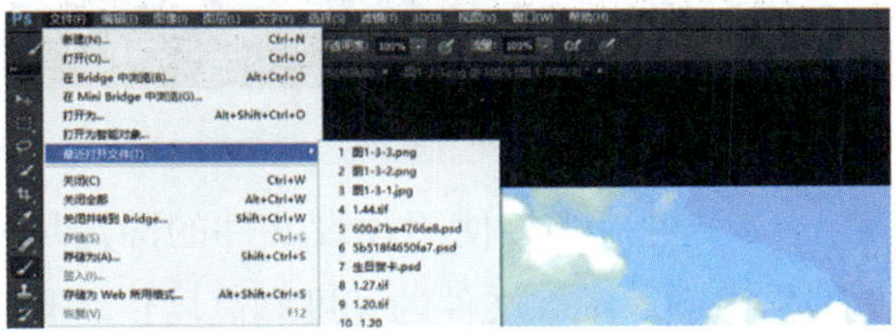

图 3-15　选择“文件”→“最近打开文件”命令

（15）选择“编辑”→“首选项”与“文件处理”命令，打开“首选项”对话框，然后参照图 3–16 所示更改选项参数。

（16）单击“确定”按钮，关闭“首选项”对话框。再次选择“文件”→“最近打开文件”命令，该命令下的子菜单就会只显示出 1 个文件，如图 3–17 所示。

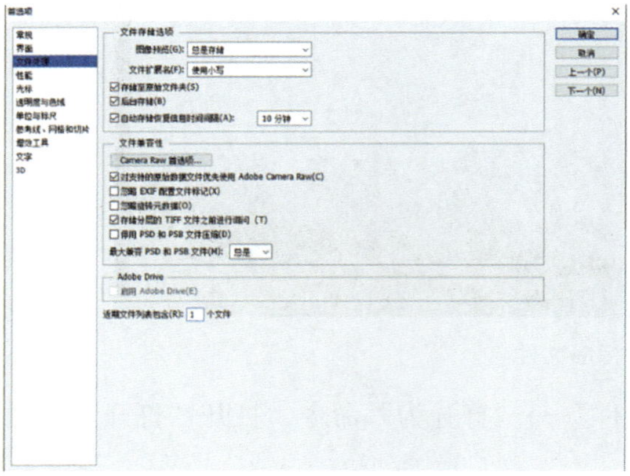

图 3-16　选择“文件处理”命令

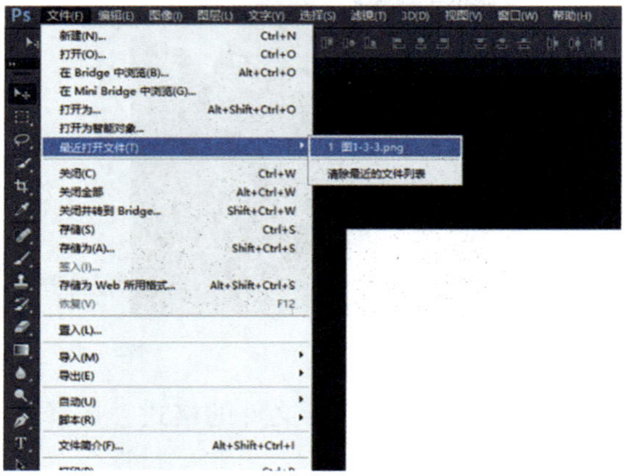

图 3-17　选择“文件”中的“最近打开文件”命令

三、新建文件

（1）启动 Photoshop，选择“文件”→“新建”命令，打开“新建”对话框，如图 3–18 所示。

（2）在“新建”对话框中，我们可以设置新文件的名称、颜色模式等各项参数。在“预设”下拉列表中，如图 3–19 所示，Photoshop 为用户提供了多种尺寸的画布。

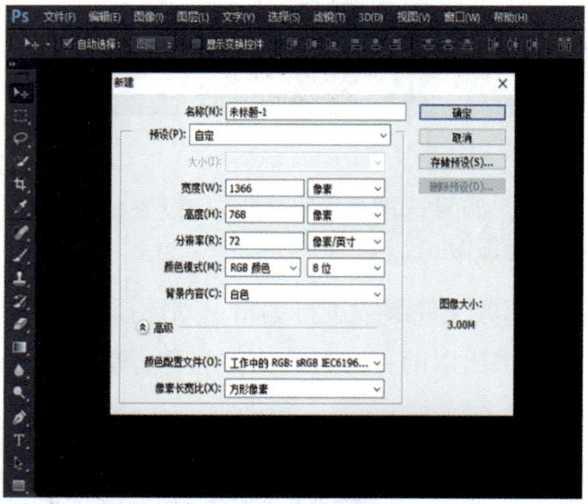

图 3-18　打开“新建”对话框

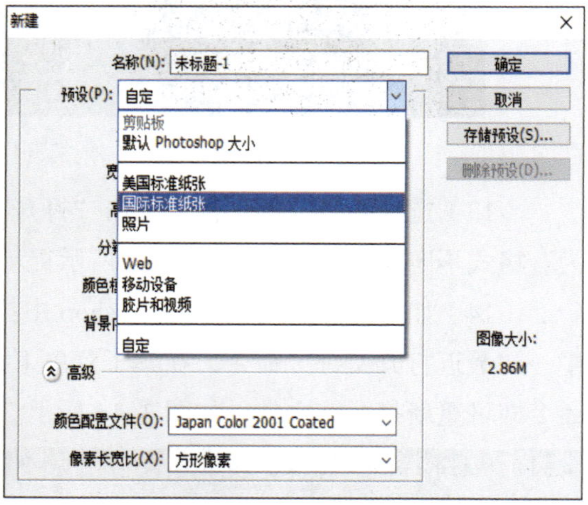

图 3-19　“预设”下拉列表

（3）可以直接使用预设文件的固定尺寸，也可以在“预设”下面的“宽度 / 高度”文本框中输入图像文件的宽度和高度值，自定义图像文件的尺寸。

（4）按照图 3–20 所示内容设置“新建”对话框，完毕后，单击“确定”按钮，关闭该对话框。

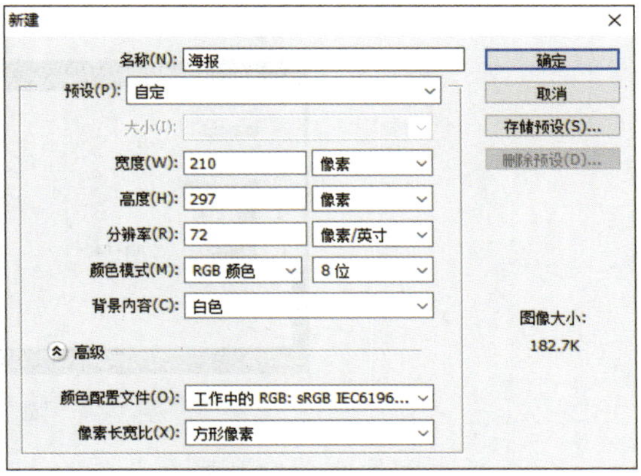

图 3-20　设置“新建”对话框

（5）此时，将得到一个名为“海报”、背景图层为白色的图像文件。白色区域就是图像文件的显示区域，也是编辑或处理图像的操作区域。另外，在图像的标题栏中将显示出该文件的名称、格式、显示比例、色彩模式和图层状态等基本信息，如图 3–21 所示。

（6）将鼠标移到新文件窗口的边角部位，当光标变为斜向的双箭头时，按住鼠标左键并拖动鼠标，将调整文档窗口大小，如图 3–22 所示，灰色的部分对文件尺寸和区域没有影响。

图 3-21　名为“海报”、背景图层为白色的图像文件

图 3-22　调整文档窗口大小

（7）单击图像窗口标题栏左上角的图像控制图标，弹出控制窗口菜单，如图 3–23 所示。通过执行控制窗口菜单中的命令，可以对图像窗口进行移动、最小化、最大化等操作。

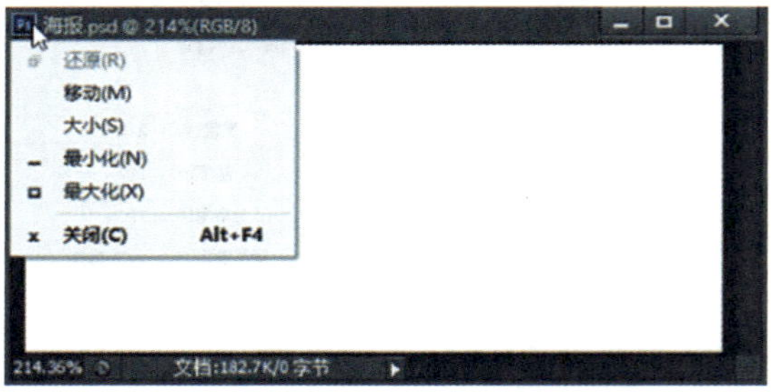

图 3-23　弹出控制窗口菜单

（8）单击图像窗口标题栏右上角的“最小化”按钮，图像窗口将最小化，并自动移动到工作界面的左下角，如图 3–24 所示。

图 3-24　图像窗口最小化，并自动移动到工作界面的左下角

（9）单击工具箱下方的背景色图标，打开“拾色器”对话框，如图 3–25 所示，选择颜色后单击“确定”按钮，设置背景色。

（10）按下“Ctrl+N”键，打开“新建”对话框，在“背景内容”下拉列表中选择“背景色”，设置新建文档的画布颜色。设置完毕后单击“确定”按钮，即可创建一个以背景色为底色的新文件，如图 3–26 所示。

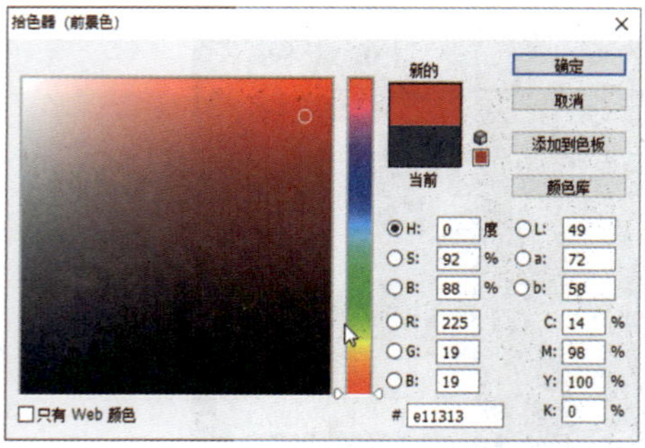

图 3-25　“拾色器”对话框

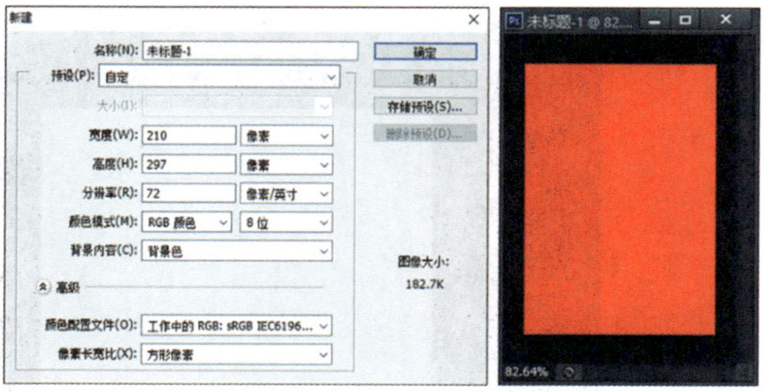

图 3-26　单击“确定”按钮

（11）当工作界面中已存在创建或者打开的文件，再次选择“新建”命令后，在“预设”下拉列表的底部将显示当前存在文件的“名称”。选择图示选项，将创建一个和该文档大小一致的新文件，如图 3–27 所示。

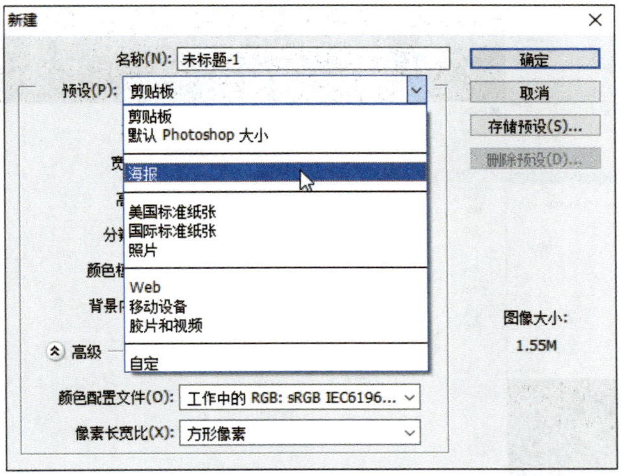

图 3-27 选择图示选项，将创建一个和该文档大小一致的新文件

四、储存文件

当绘图工作结束后，一般需要将编辑处理后的图像文件保存下来，以备后用。在 Photoshop 中可以利用多种命令来保存图像。本小节中，将通过具体操作来演示“存储”“存储为”和“存储为 Web 所用格式”这 3 种常用的存储图像命令的使用方法，并对文件的存储格式进行简单的介绍。

1. 使用“存储”命令

“存储”命令是 Photoshop 中最常用的命令之一，主要用于存储对当前文件所做的更改。执行该命令后，每一次存储都会替换掉前面的内容。

（1）选择“窗口”→“未命名 -1”命令，将“未命名 -1”文件选择。接着按下“Alt+Delete”键，为其填充默认的黑色前景色。

（2）选择“文件”→“存储”命令，打开“存储为”对话框。在“存储为”对话框中可以设置文件的名称、文件格式，也可以在“存储选项”中勾选所需的选项来进行其他设置。

（3）单击“取消”按钮，不保存文件，关闭“存储为”对话框。

2. 使用“存储为”命令

在 Photoshop 中，如果不想对原图像进行编辑与修改，可以将其另存为一个副本来进行编辑处理。使用“存储为”命令可以将原文件存储为一个副本文件，并且保持原图像不变。

（1）确认“未命名 -1”文件为选择状态，选择“文件”→“存储为”命令，打开“存储为”对话框，设置存储位置，然后更改文件名为“墙”，如图 3–28 所示。

（2）如果在存储时该文件名与前面保存过的文件重名，则会弹出如图 3–29 所示的警示框。

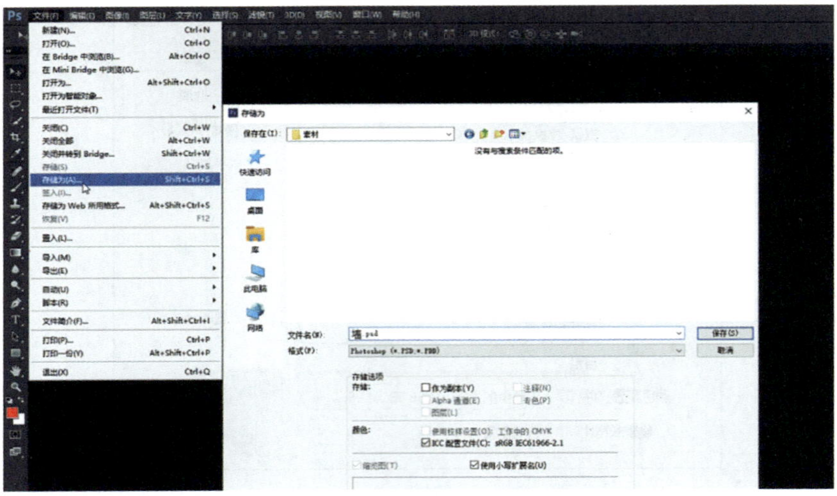

图 3-28　更改文件名为“墙”

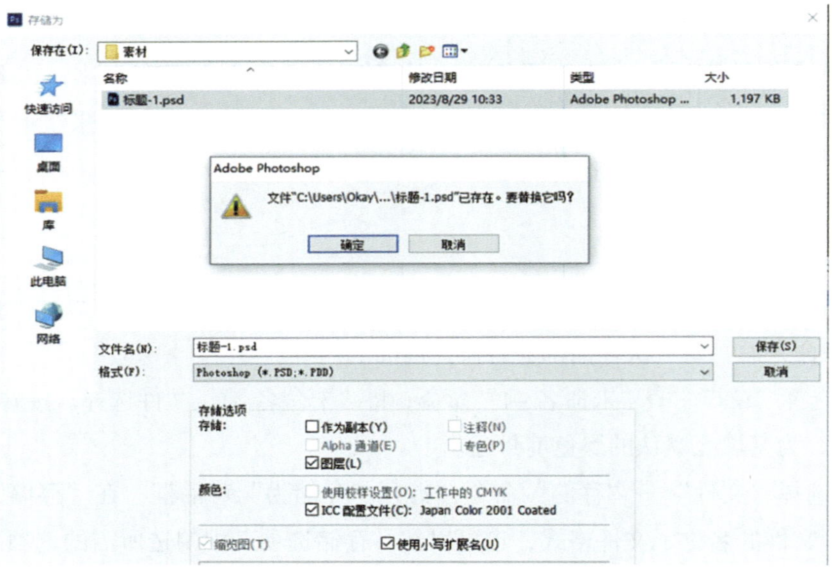

图 3-29　弹出的警示框

（3）单击“是”按钮，将对原文件进行替换；单击“取消”按钮，将不替换原文件，然后对其进行另外命名或选择另一个保存位置。

五、视图菜单

在 Photoshop 的“视图”菜单下，有很多菜单命令用来控制不同的显示比例，可通过下拉菜单中右侧一栏的快捷键来实现图像的放大或缩小显示。一个图像最大的显示比例是 3200%，最小是显示一个像素。

实际上，显示器显示图像时，是由许多屏幕像素来表现图像的颜色和层次变化的。因此，这里的显示比例应当是显示器的屏幕像素与图像本身像素之间的比例关系，而并非显示图像大小与实际图像大小的关系，即图像在显示器上的显示尺寸，并非“打印尺寸”。例如，显示比例为 100% 时，表示一个屏幕像素对应一个图像像素；而显示比例为 200% 时，则表示显示器上两个像素对应图像中的一个像素。

1. 放大与缩小命令

“视图”菜单下的“放大”与“缩小”命令，如图 3–30 所示，可以用来改变当前图像的显示比例。

2. 实际像素

真实显示尺寸即以一个显示器的屏幕像素对应一个图像像素时所有的显示比例，也就是 100% 的显示比例。如图 3–31 所示，在 Photoshop 中用“视图”菜单中的“实际像素”命令，或双击工具箱中放大镜工具的图标，便可实现 100% 的显示比例。

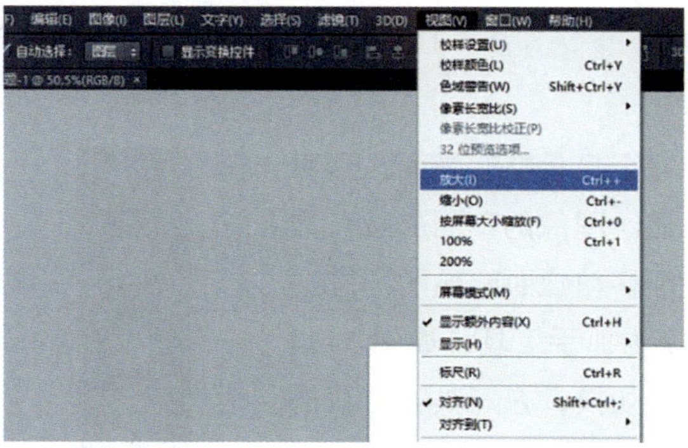

图 3-30　“视图”菜单下的“放大”与“缩小”命令

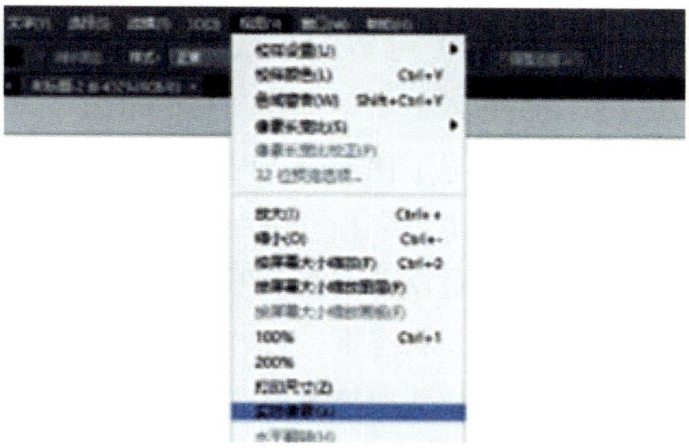

图 3-31　“实际像素”命令

3. 打印尺寸

打印尺寸，即不考虑图像的分辨率，而只以图像本身的宽度和高度（印刷时的尺寸）来表示一幅图像的大小。如图 3–32 所示，使用“视图”菜单下的“打印尺寸”命令可以在屏幕上显示出图像的实际印刷大小，但如果真正用尺子量一下的话，会发现这个尺寸仍然是相对大或小的，因为它只是实际印刷尺寸的一个近似值。

4. 缩放工具

缩放工具可以起到放大或缩小图像的作用。在工具箱中选择缩放工具时，光标在画面内显示为一个带加号的放大镜，使用这个放大镜单击图像，即可实现图像的成倍放大；而按住“Alt”键使用缩放工具时，光标为一带减号的缩小镜，单击可实现图像的成比例缩小；也可使用缩放工具在图像内圈出部分区域，来实现放大或缩小指定区域的操作。

在英文输入状态下，直接敲击键盘上的“Z”键便可选中缩放工具；另外，无论使用任何工具，按键盘上的“Ctrl+ 空格”键，即可将工具临时切换为放大工具；而按“Ctrl+Alt+ 空格”键，可以临时切换为缩小工具；在工具中双击缩放工具图标，可使图像按真实尺寸显示。

在缩放工具的选项栏中，有一个重设窗口尺寸的开关“按屏幕大小缩放”，如图 3–33

所示。这个开关被选中时，每次使用缩放工具改变图像显示比例，都会重新设定窗口的大小，也就是窗口尺寸会跟着变化；而关闭这一开关时，每次使用缩放命令，窗口的尺寸都不变。

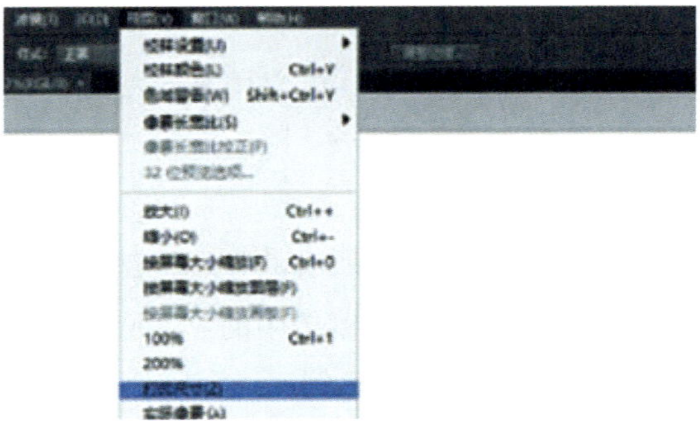

图 3-32　“打印尺寸”命令

图 3-33　按屏幕大小缩放

5. 抓手工具

当图像的显示比例较大时，图像窗口不能完全显示整幅画面，这时可以使用抓手工具来拖动画面，以卷动窗口来显示图像的不同部位。当然，也可以通过窗口右侧及下方的滑轨和滑块来移动画面的显示部位。

在英文输入状态下，按“H”键，即可切换为抓手工具，如图 3–34 所示；另外，按住空格键可实现抓手工具的临时切换；在工具箱中双击抓手工具可使图像按全屏方式显示。

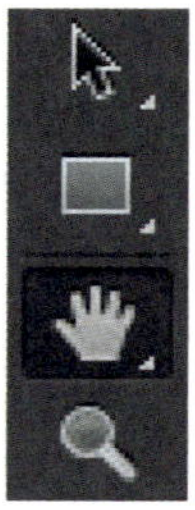

图 3-34　抓手工具

六、图像设置

1. 设置图像大小

在 Photoshop 中，可以将画面理解为绘画时用到的画板，而图像则是画板上的作品。当要处理的图像文件过大时，会导致软件处理速度过慢，这时可以对其大小进行调整以满足要求，具体操作步骤如下。

（1）单击“图像”按钮，在下拉菜单中选择“图像大小”选项，如图 3–35 所示，或者使用“Alt+Ctrl+I”快捷键。

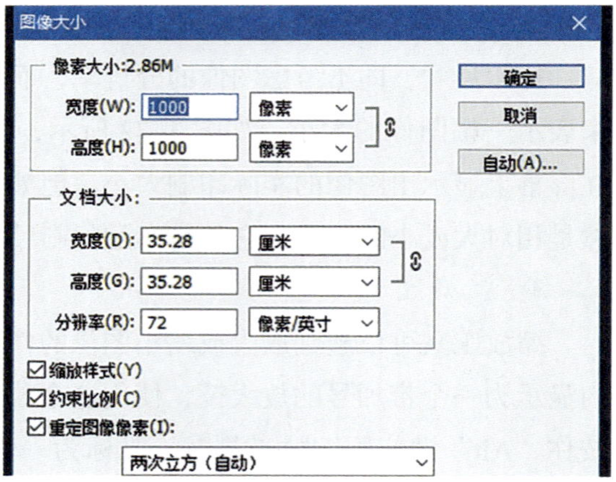

图 3-35　选择“图像大小”选项

（2）弹出“图像大小”对话框，单击“高度”右侧文本框的下拉按钮，选择“像素”选项。

（3）在左侧的文本框中输入“450”，最后单击“确定”按钮。

2. 设置画布大小

画布指的是当前画像周围工作空间，当画布太大或太密集时，可对画布的尺寸进行设置，具体步骤如下。

（1）打开“图像”下拉菜单，选择“画布大小”选项，如图 3–36 所示，或者使用“Alt+Ctrl+C”快捷键。

（2）弹出“画布大小”对话框，在“新建大小”栏目中，单击“高度”文本框右侧的下拉按钮，选择“像素”选项。在“高度”文本框中输入“400”，如图 3–37 所示，在“定位”栏中单击向下箭头，从上至下调整画布的高度，最后单击“确定”按钮。

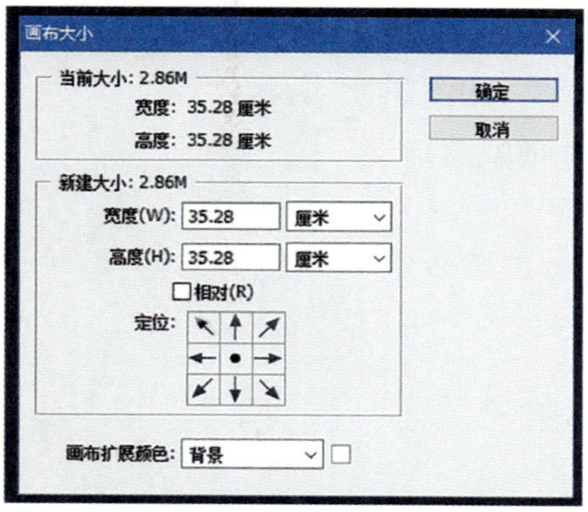

图 3-36 选择“画布大小”选项

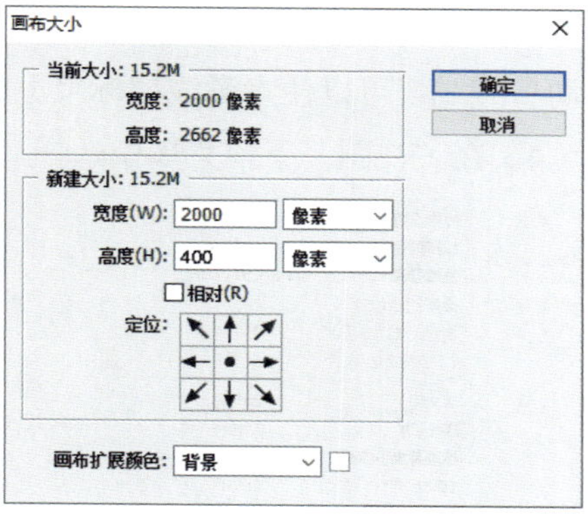

图 3-37 在“高度”文本框中输入“400”

（3）弹出提示框，提示用户“新画布大小小于当前画布大小；将进行一些剪切”，单击“继续”按钮。返回工作界面，查看设置效果。

七、标尺、参考线设置

1. 添加标尺

在处理图像的过程中，只用人眼观察的话，很难准确地对图像进行处理，这时就需要借助一些辅助工具，例如标尺、参考线等。这些辅助工具可以帮助用户划分图像区域，精确地定位图像的位置。在图像中添加标尺的具体步骤如下。

（1）单击“视图”按钮，在下拉菜单中选择“标尺”选项，如图 3–38 所示，或者使用“Ctrl+R”快捷键，这时，编辑界面上方和侧面将会显示标尺刻度。

（2）接着设置标尺的计量单位。方法是在左侧或顶部的标尺上单击鼠标右键，在弹出的快捷菜单中选择“厘米”选项，如图 3–39 所示，这时便将标尺的计量单位设置成了“厘米”。

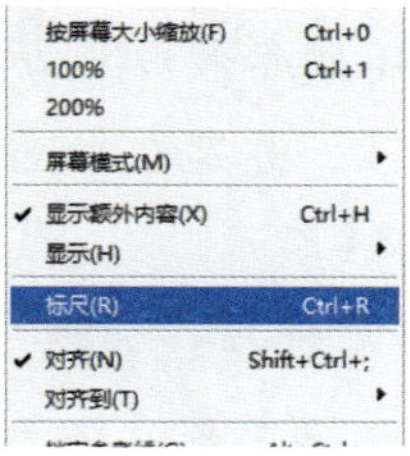

图 3-38 选择“标尺”选项

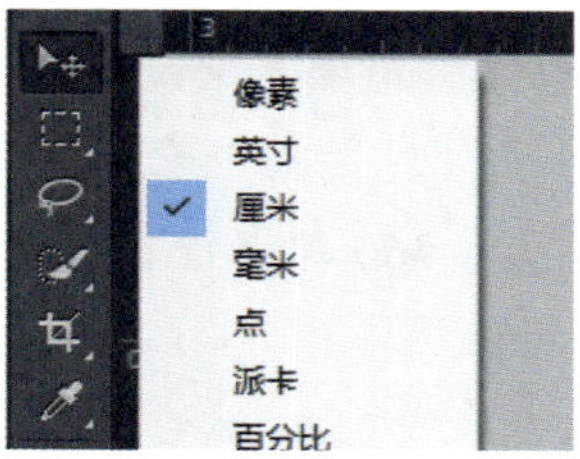

图 3-39 选择“像素”选项

2. 设置参考线

在图像中添加参考线的具体步骤如下。

（1）打开“视图”下拉列表，选择“新建参考线”选项，如图 3-40 所示。

（2）弹出“新建参考线”对话框，在“取向”栏目中，选中“垂直”单选按钮，在“位置”文本框中输入“60 像素”。

（3）单击“确定”按钮，完成添加参考线的操作。用此方法添加其他垂直和水平参考线，使参考线位于图中白色空白区域边线上。在标尺显示的情况下，按住“Shift”键的同时拖动参考线，可以使参考线按标尺上的刻度移动，如图 3-41 所示。

（4）在“视图”下拉菜单中选择“标尺”选项隐藏标尺。

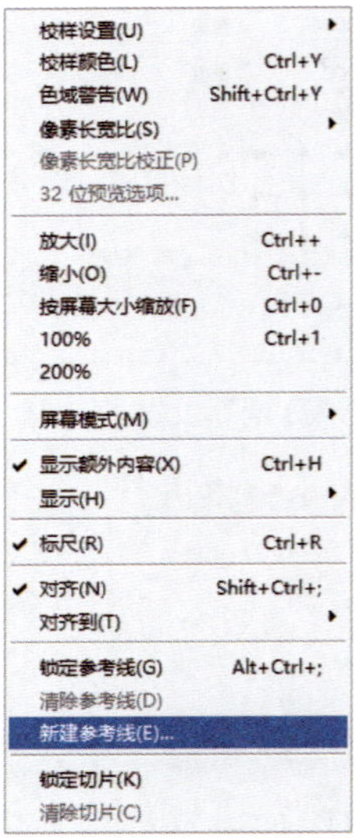

图 3-40 选择“新建参考线”选项

图 3-41 添加参考线

案例导入

制作九格图

商品展示时常需要有一些形式上的创意，比如某全球速卖通店铺计划将某一张图片制作为一组九格图片，作为轮播海报背景展示，操作要领如下。

（1）打开一张图片，按“Ctrl+R”组合键，打开标尺。该图片的大小为 1020 像素 ×1200 像素，要将图片变成 9 等份，打开“视图”选择“新建参考线”命令，在弹出的“新建参考线”对话框中输入参考线的位置，如图 3-42 所示，分别在水平方向和垂直方向的 360 像素、360 像素位置建立两条参考线，效果如图 3-43 所示。

（2）选择“视图”→“对齐到”命令并选择“参考线”选项，如图 3-44 所示，以使接下来的绘图能够对齐参考线。欲将图像分为 9 个小格子，必须建立格子的选取范围。切换到选框工具，在“矩形选框工具”属性栏中设置矩形大小为 360 像素 ×360 像素。

这样绘制的每个矩形选框大小都一致，以避免图像不够精准。

（3）将一张图片变成 9 部分，必须分别选取，然后复制到新的图层进行缩小，重新排版。因此，使用固定好大小的“矩形选框工具”，在参考线画好的格子里画一个 360 像素 ×360 像素大小的正方形选区，如图 3–45 所示。

图 3-42 输入参考线的位置

图 3-43 建立两条参考线

图 3-44 选择“参考线”选项

图 3-45 画一个 360 像素 ×360 像素大小的正方形选区

（4）按“Ctr+J”组合键复制“背景”图层选中的区域，如图 3–46 所示，并移动选区到不同的参考线方格位置。然后返回“背景”图层，按“Ctrl+J”组合键复制，重复步骤，直到把“背景”图层分为 9 块。

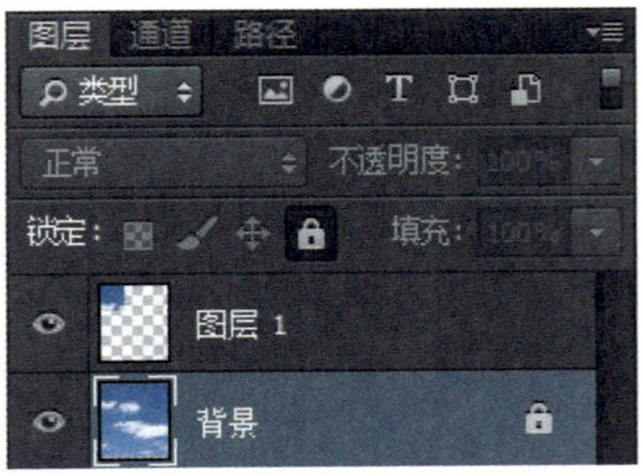

图 3-46　按“Ctr+J”组合键复制“背景”图层选中的区域

（5）选择“背景”图层，将前景色设置为白色，按“Alt+Delctc”组合键将“背景”图层变成白色。选择图层 9，按“CtrI+T”组合键对其进行自由变换，为了使每个图层缩小的比例一致，不建议使用手动修改，而是使用变换的属性修改，具体数值修改如图 3–47 所示。

图 3-47　数值修改

（6）对每个图层进行同样的设置，将高和宽的比值设置为 80%。为了使图片更加立体，为其添加图层样式的投影效果。单击“图层”面板上的“混合选项”按钮，弹出“图层样式”对话框，其中的“投影”图层样式主要通过叠在其下的“影子”图层的颜色、大小、距离、扩展来凸显图像的立体感。颜色为阴影的颜色，一般默认为 75% 的黑；大小为影子的大小，扩展为影子的模糊程度；距离为图像与影子的距离。具体的参数设置如图 3–48 所示。

（7）为图层 1 ～图层 9 都添加投影效果后，为了使图像看起来更加有动感，更加生动，可按“Ctrl+T”组合键，将鼠标指针移动到矩形块的顶点，当其变为双向箭头时移动方向。不同的图层移动的方向不相同，这样图片看起来就有动感了，最终效果如图 3–49 所示。选择“文件”→“存储为”命令，将图像保存为“九格图片 .psd”。

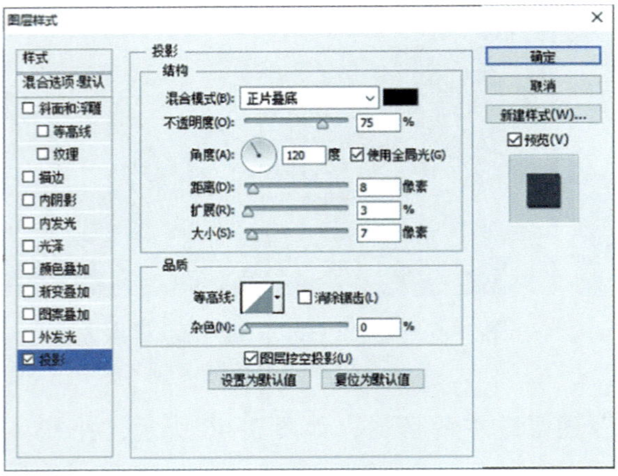

图 3-48　参数设置

图 3-49　最终效果

任务二 图 像 抠 取

拍摄商品后，往往需要更改商品的背景，或者将不同背景的图像进行合成处理，这就需要使用抠取图像的技术。

一、纯色背景的抠取

在拍摄商品的过程中，有时会使用某一种颜色的背景进行拍摄，然而现在越来越多的电商平台要求商品的最佳背景颜色为白色，这就需要将商品抠取出来，更换颜色。

如果商品背景颜色单一，且商品与背景的颜色存在较大的差异，就可以使用“魔棒工具”进行抠取。操作要领如下。

（1）首先用 Photoshop 打开一张颜色分界线比较明显的图片，如图 3–50 所示。

（2）单击鼠标选择工具栏中的“魔棒工具”图标，也可以使用快捷键“W”选择，如图 3–51 所示。

图 3-50 选择图片

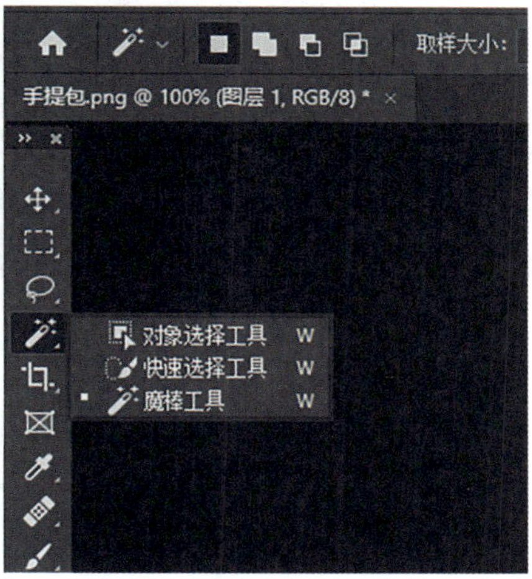

图 3-51 选择“魔棒工具”

提示

如果商品的背景颜色不是纯色的，而是相似颜色，此时需要设置魔棒工具的属性，第一个要设置的属性是“容差”，默认值是 32。容差越小，选择的区域越小；容差越大，选择的区域越大。勾选“消除锯齿”复选框可以使选区更平滑，取消勾选“连续”复选框可以选择图片中不连续的区域。

“容差”是影响“魔棒工具”性能的关键选项，它决定了哪些像素与选定的像素点在色调上被认为是相似的。当容差值较小时，只有色调与鼠标单击点像素非常相似的少量像素会被选中。随着容差值的增大，对像素相似程度的要求会降低，因此选中的像素数量会增多。在进行抠图前，建议先观察商品照片背景中颜色的相似程度。通过尝试设置多个不同的容差值，可以更准确地判断选区的选取范围。目标是找到一个最佳的容差值，以确保商品图像能够完整而准确地被抠取出来。

（3）使用“魔棒工具”，在绿色背景区域单击鼠标左键，选择绿色背景区域部分，如图 3–52 所示。

（4）完成了魔棒工具的抠图操作，按“Shift + Ctrl + I”反选，抠出的效果如图 3–53 所示。

图 3-52　选择绿色区域背景部分

图 3-53　反选抠图区域

（5）新建一个背景为白色的图像，将选取的包拷贝到新文件中，形成最终的效果，如图 3–54 所示。

图 3-54　白色背景最终效果

二、外形规则商品的抠取

有些商品的外形比较规则，如足球、画框等，对于这些外形较为规则的商品，可以使用 Photoshop 中的“椭圆选框工具”或“矩形选框工具”进行快速抠取。操作要领如下。

（1）选择足球图片，用 Photoshop 打开商品图像素材，如图 3–55 所示。

（2）选择“椭圆选框工具”，鼠标左键框选椭圆盘，大致将选区画好。从蚁线可以看出，椭圆选框并没有将足球全部选中，此时，右击鼠标，选择“变换选区”命令调整选区的大小，直至选中整个足球，如图 3–56 所示。

图 3-55　选择足球图片

图 3-56　调整选取范围

（3）通过复制命令“Ctrl + J”，即可复制出一个足球图像，如图 3–57 所示。

图 3-57　复制足球图像

提示

对于正圆形状的图像，拖动鼠标画圆的同时按住“Shift”键，画出的圆即正圆。

当拍摄的商品外观为长方形或正方形时，使用“矩形选框工具”进行抠图是一种较为快速有效的方法。具体方法与“椭圆选框工具”类似。

三、外形不规则商品的抠取

店铺装修中的大部分商品的外形都是不规则的，对于不规则形状的商品，操作方法有以下两种。

1. 使用“多边形套索工具”

如果商品的外形轮廓主要是由直线组成的多边形，那么可以使用“多边形套索工具”来进行抠取。“多边形套索工具”可以创建直线构成的选区，适合选取边缘为直线、棱角分明的对象，如包装盒、积木、衣柜等。使用“多边形套索工具”在需要抠取的商品图像外形轮廓的各个拐角点位置单击，将单击的起始点与结束点重合在一起，即可创建封闭的多边形选区。

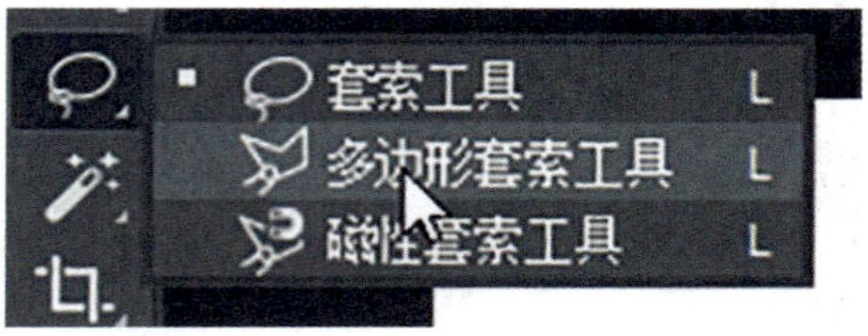

图 3-58　选择“多边形套索工具”

操作要领如下。

（1）用 Photoshop 打开商品图像素材。选择“多边形套索工具”，如图 3-58 所示。

（2）从一个拐角点开始单击，沿着商品边缘绘制直线。即依次在每个拐角点上单击鼠标，将起始点与结束点重合在一起，如图 3-59 所示。

（3）按快捷键“Ctrl + Shift + I”反向选区，如图 3-60 所示。

图 3-59　沿商品边缘绘制直线

图 3-60　反向选区

（4）按“Delete”键删除背景图像，如图 3–61 所示。

2. 使用“磁性套索工具”

在店铺装修中，对于外形轮廓边缘清晰且与背景反差较大的任意外形商品，可以使用“磁性套索工具”来进行抠取。“磁性套索工具”可以自动检测图像的边缘，通过跟踪对象的边缘快速创建选区。操作要领如下。

（1）用 Photoshop 打开商品图像素材。

（2）选择“磁性套索工具”，如图 3–62 所示。“磁性套索工具”选项栏中的“宽度”“对比度”“频率”是三个较为重要的选项，它们会影响工具的使用效果。

图 3-61　删除背景图像

图 3-62　选择“磁性套索工具”

提示

“宽度”是指工具检测的宽度，它决定了鼠标周围有多少个像素能被工具检测到；“对比度”决定了选择图像时，商品图像与背景图像之间有多大的对比度才能被工具检测到；“频率”指添加锚点的数量。

（3）从一个拐角点开始单击，在商品边缘移动鼠标，在鼠标经过的位置将自动放置锚点来定位和连接选区。如果想要在某一点手动放置一个锚点，可以在鼠标经过该点的时候单击。如果锚点的放置位置不准确，可以按下“Delete”键将其删除，如图 3–63 所示。

（4）由于深色的背景对浅色商品的周边会有一定的影响，可以使用收缩选区的方法对选区进行调整。点击“选择”→“修改”→“收缩”命令，设置收缩量为 2 像素，如图 3–64 所示。

（5）按快捷键“Ctrl + Shift + I”反向选区，如图 3–65 所示。

（6）按“Delete”键删除背景图像，如图 3–66 所示。

图 3-63　选择图片

图 3-64　选择毛巾边缘

图 3-65　反向选区

图 3-66　删除背景

提示

在使用“磁性套索工具”抠取图像时，商品图像与背景图像的色调与明度一定要有较大的差异，否则 _ 工具不能准确定义商品图像的边缘，将影响抠取的最终效果。

四、商品的精细抠取

有时候，产品的外观比较复杂，为了让抠取出的商品图像边缘平滑、准确，达到更加精细的效果，使用“钢笔工具”无疑是最佳的方法。

“钢笔工具”绘制的路径有极其明确的边界线。对于边界非常光滑的对象，如汽车、电器、家具、金饰、瓷器等，使用“钢笔工具”往往可以得到满意的抠取效果。

下面，通过抠取爱心图形来熟悉“钢笔工具”的基本使用方法。

1. 用“钢笔工具”抠取普通图片

（1）用 Photoshop 打开爱心图像素材，如图 3–67 所示。

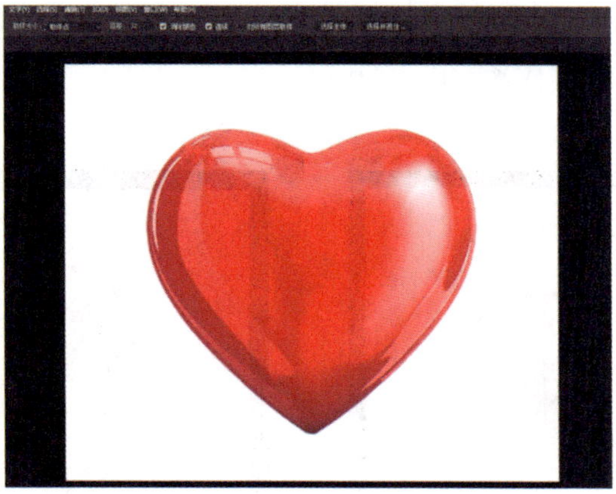

图 3-67　选择爱心图片

（2）选择“钢笔工具”，选择“路径”模式，如图 3–68 所示。

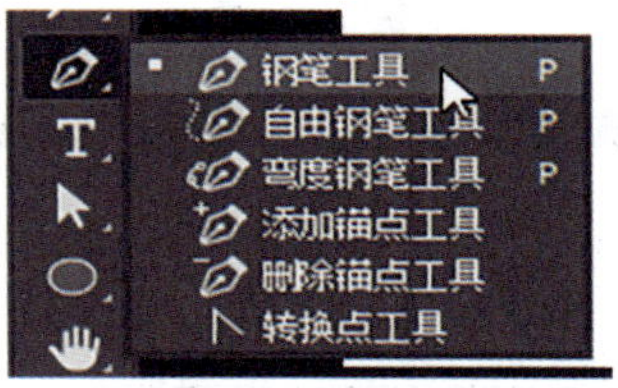

图 3-68　选择“钢笔工具”

（3）使用钢笔工具创建第一个锚点。在图形左侧点击鼠标左键，并向上拖动，绘制上下调节线。此时，按住“Shift”键可以绘制 45° 角的调节线，如图 3–69 所示。

（4）在图形左上侧同时按住“Shift”键和鼠标左键，创建第二个锚点，并绘制左右水平调节线，如图 3–70 所示。

图 3-69　创建第一个锚点

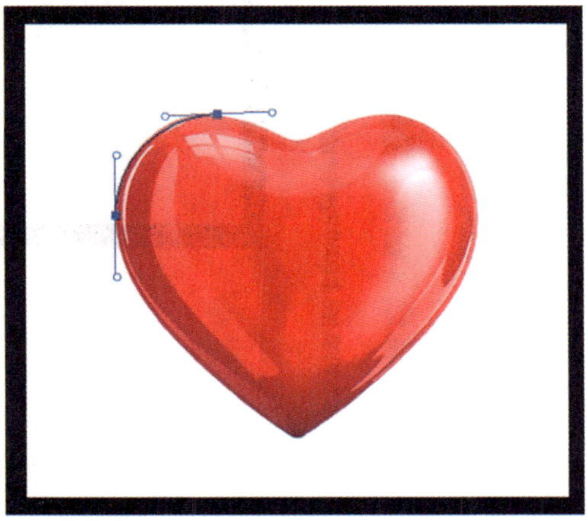

图 3-70　创建第二个锚点

（5）按住“Alt”键的同时，使用鼠标分别拖动锚点两侧的调节点，调整曲线的曲度，以更加贴近图像边缘，如图 3–71 所示。

（6）使用相同方法，绘制其他锚点。在两个锚点之间，将鼠标移动到锚点间的曲线上，鼠标出现“+”时可以添加新的锚点。同时按住“Ctrl”键和鼠标左键，可以移动新的锚点至图像边缘。同时按住“Alt”键和鼠标左键，移动调节点的角度，使曲线更加贴近图像边缘，如图 3–72 所示。

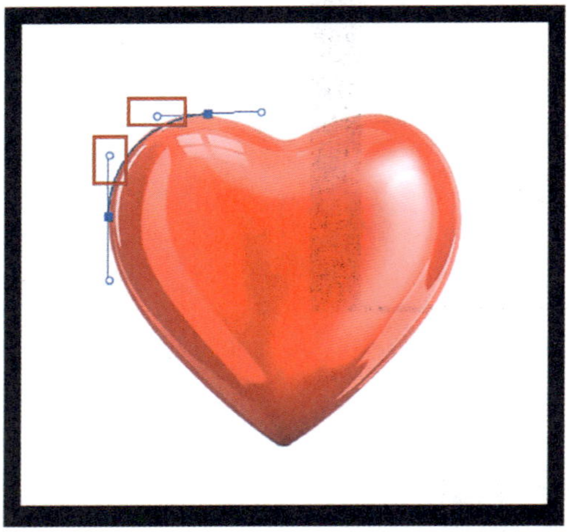

图 3-71　调整调节点位置

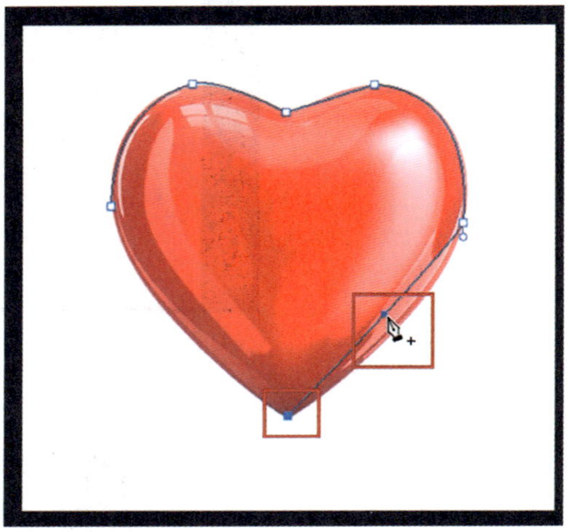

图 3-72　绘制其他锚点

（7）绘制剩余的其他锚点，并闭合路径，如图 3–73 所示。

图 3-73　闭合路径

2. 用“钢笔工具”绘制商品

使用钢笔工具来绘制商品路径的方法如下。

（1）用 Photoshop 打开商品图像素材。选择“钢笔工具”，选择“路径”模式，如图 3–74 所示。

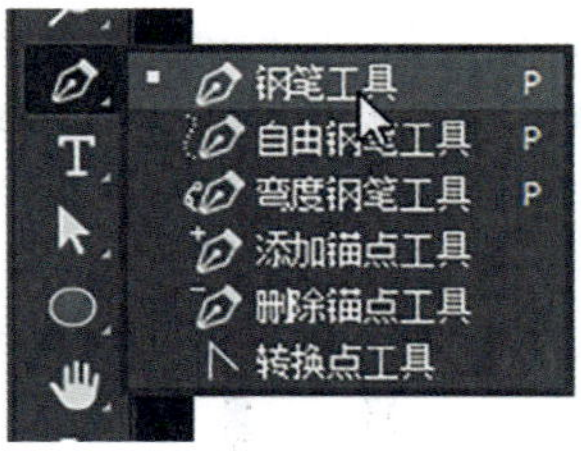

图 3-74 选择“钢笔工具”

（2）在商品图像的边缘单击，添加一个锚点，再次单击并拖动鼠标添加第二个锚点，依次完成整个商品的轮廓锚点。按“Ctrl”键和鼠标左键移动锚点和调节点的位置，按“Alt”键和鼠标左键调整调节点方向，如图 3–75 所示。

图 3-75 添加锚点

（3）在添加的锚点轮廓中间，点击鼠标右键，在菜单中选择“建立选区”。在“建立选区”对话框中点击确定按钮，如图 3–76、图 3–77 所示。

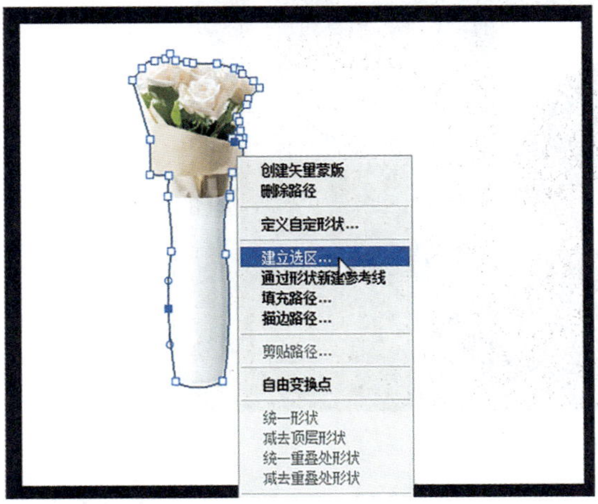

图 3-76 选择“建立选区”

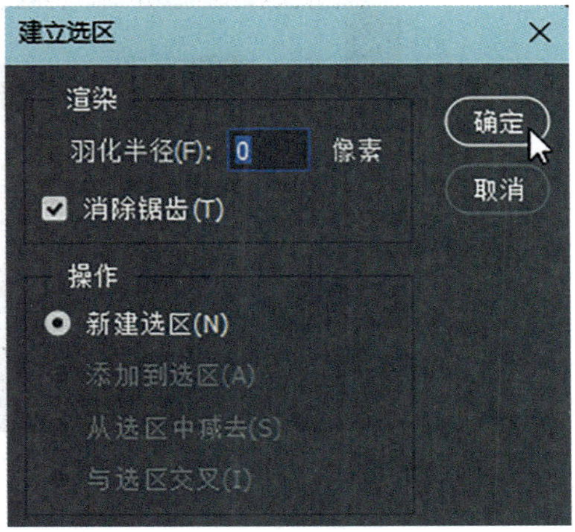

图 3-77 “建立选区”对话框

（4）复制已经选择的商品，在指定位置粘贴，如图 3-78、图 3-79 所示。

图 3-78　复制已选取图片

图 3-79　粘贴图片到需要的位置

案例导入

模特发丝的抠取

某全球速卖通店铺在护肤品的广告宣传中，需要将模特照片中的头发进行抠取，操作要领如下。

（1）打开素材图片，如图 3-80 所示。

图 3-80　打开素材图片

（2）要把飘动的头发抠出，关键是要创建一个复杂的选区。要想得到这样一个与飘动的头发相符合的复杂选区，就要创建一个专用的通道。打开通道面板，观察 RGB 的 3 个通道，选定一个头发与背景反差较大的通道，这里选择了蓝色通道。用鼠标将蓝色通道拖到通道面板下面的创新通道图标上，复制为蓝色副本通道，如图 3-81 所示。

图 3-81　选择蓝色通道

（3）选择“图像”→“调整”→“曲线”命令，打开曲线面板。选择白色吸管，在图像中灰色的背景上点击，背景色变为白色，单击“确定”按钮，如图 3-82 所示。

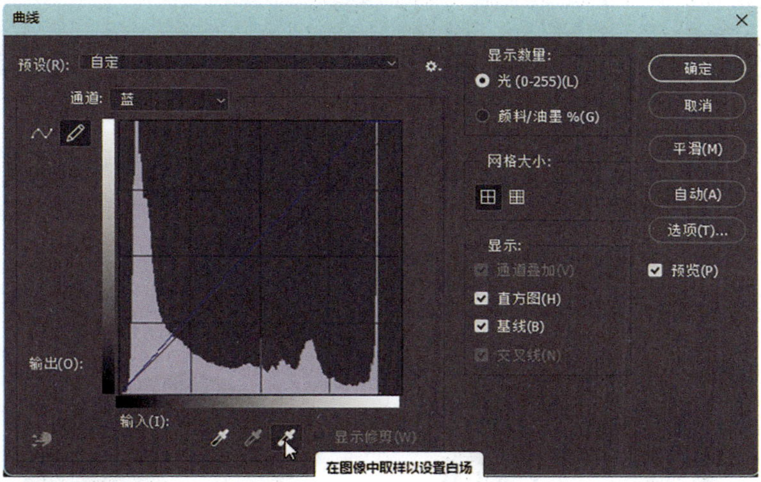

图 3-82　单击“确定”按钮

（4）在工具箱中选毛笔，设定前景色为黑色，将人物部分精心涂抹成黑色，如图 3-83 所示。

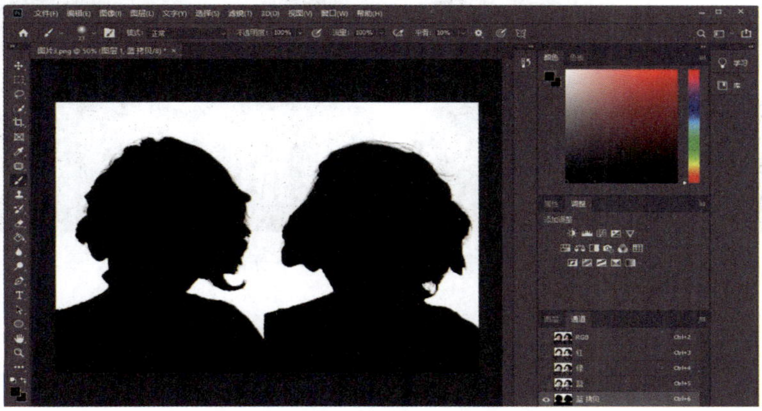

图 3-83　将人物部分精心涂抹成黑色

（5）通道制作完成，载入选区（蓝色通道的副本），如图 3–84 所示。

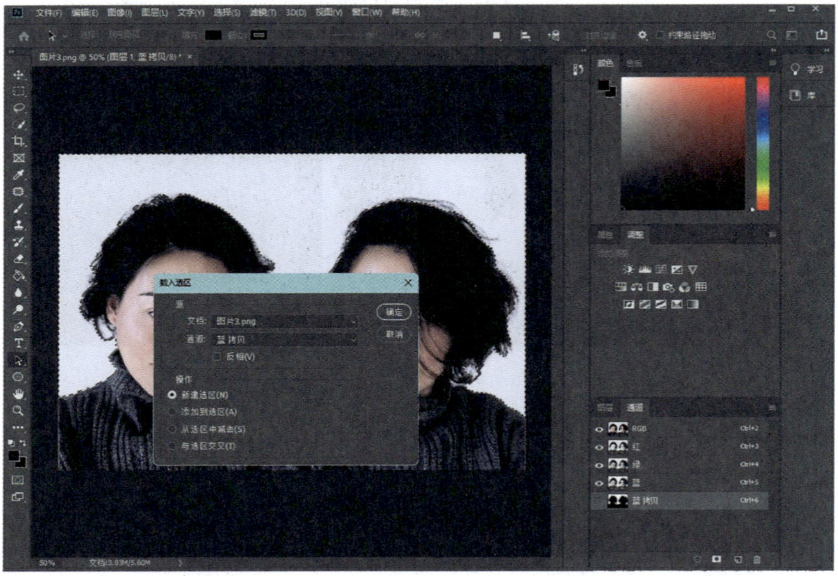

图 3-84　载入选区

（6）复制图层，用鼠标点击通道面板最上面的综合通道看到彩色图像。回到图层面板，“Shift+Ctrl+I”反选选区，按“Ctrl+J”键，将选区内容复制为一个新的图层，如图 3–85 所示。另找一张尺寸相同的图像直接插入当前人物层的下面。

图 3-85　选区内容复制为一个新的图层

任务三　图像的色彩调整与修饰

商品照片的色彩呈现效果是影响消费者对商品第一印象的关键因素。色彩暗淡、画面灰暗的商品照片难以激发消费者的购买欲望，商品照片的色差问题甚至会引发交易纠纷。因此，电商美工需要对商品照片进行调色，还原其真实的色彩。

一、偏色图片的处理

在使用数码相机拍摄商品时，如果照片曝光不准，会影响照片的颜色。当遇到这样的情况时，可以通过 Photoshop 对商品照片的色阶以及亮度 / 对比度进行调整，使其恢复到正常的视觉效果，便于商品形象的塑造。操作要领如下。

（1）用 Photoshop 打开一张曝光不准的照片，如图 3–86 所示。

（2）打开素材图片，新增一个“曲线”调整图层，对应的属性面板如图 3–87 所示。

图 3-86　打开一张曝光不准的照片

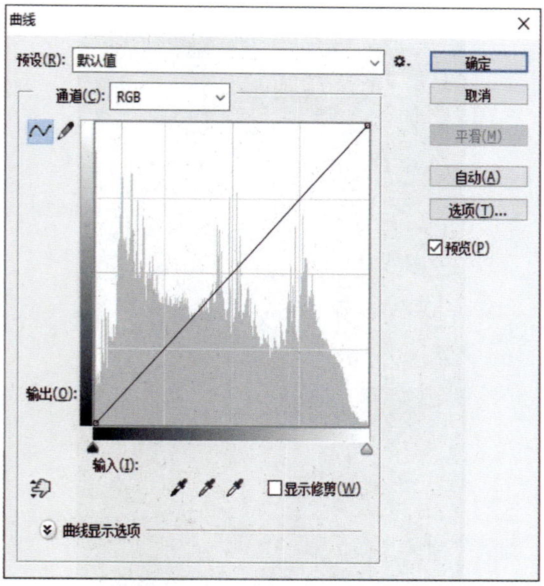

图 3-87　“曲线”属性面板

（3）选择“红”通道，打开红色频道的直方图。将代表最深色的黑色滑块滑到直方图左边的边缘，将最浅色的白色滑块滑到直方图右边的边缘，如图 3–88 所示。

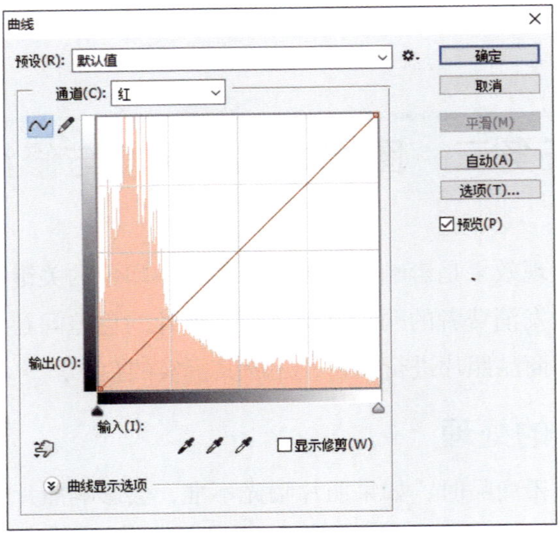

图 3-88 “红”通道属性面板

（4）参照步骤（2）的方法处理“绿”通道和“蓝”通道。

（5）新建“亮度 / 对比度”调整图层，在其属性面板中调节亮度和对比度滑块，如图 3–89 所示。最终完成的效果如图 3–90 所示。

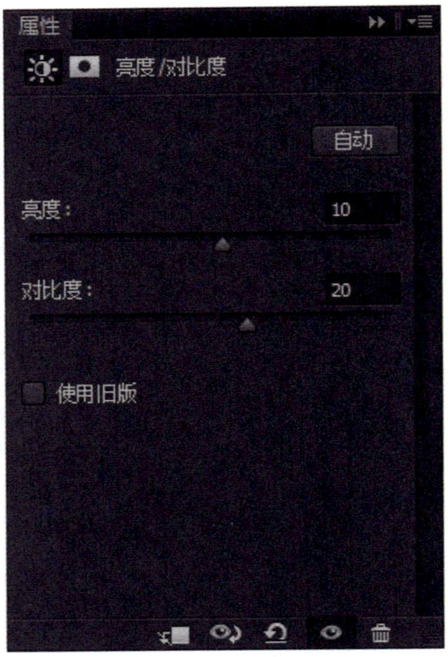

图 3-89 调整“高度 / 对比度”

图 3-90 调整色阶后的照片效果

二、玻璃材质商品的调色处理

在拍摄玻璃材质的商品时，拍摄出的照片经常会因为拍摄光线的问题而显得灰暗，此时，可以使用 Photoshop 对照片中的商品进行后期的调色，还原玻璃制品晶莹剔透的感觉。操作要领如下。

（1）用 Photoshop 打开一张光线灰暗的玻璃瓶照片，如图 3–91 所示。

图 3-91　打开一张光线灰暗的玻璃瓶照片

（2）复制背景图层，将复制后背景图层的混合模式更改为“滤色”。调整“不透明度”为 50%，以提升亮度，如图 3–92、图 3–93 所示。

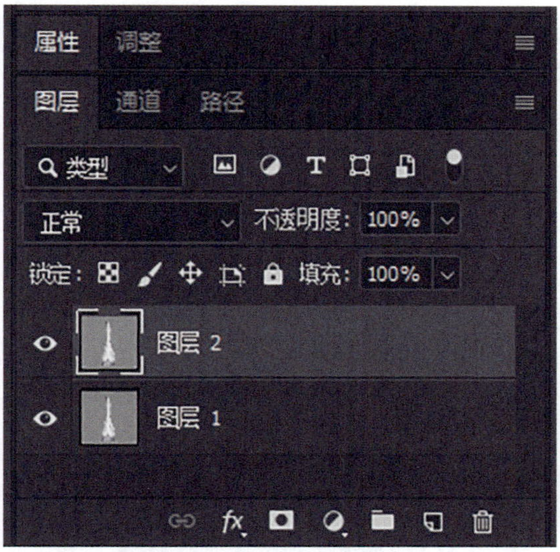

图 3-92　复制背景图层

图 3-93　提升照片亮度

（3）创建“曝光度”调整图层，通过调整“属性”面板中的“曝光度”“位移”“灰度系数校正”参数来提升画面明部和暗部之间的对比度，增强玻璃材质的通透感。如图 3–94、图 3–95 所示。

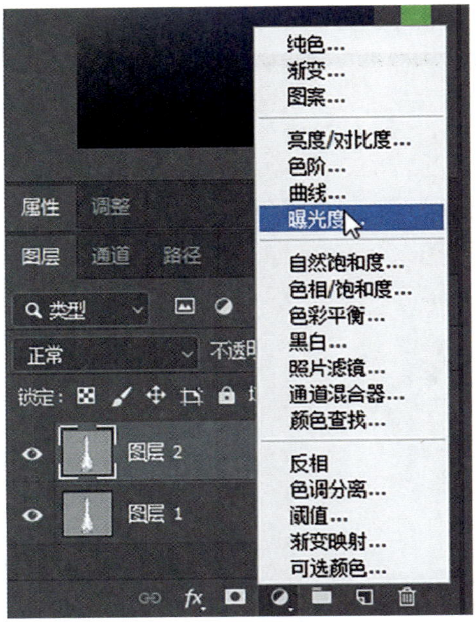

图 3-94　选择“曝光度”

图 3-95　“曝光度”对话框

（4）创建“曲线”图层，选择“预设”下拉列表中的“强对比度（RGB）”选项，曲线会自动变成 S 形，增强画面中玻璃瓶的层次感，呈现出较强的立体感和透明感，如图 3-96、图 3-97、图 3-98 所示。

创建“曝光度”和“曲线”调整图层，是为了提升图中商品明部和暗部之间的对比度，同时保持中间调图像的亮度不变，从而得到层次感和立体感都较为理想的画面。

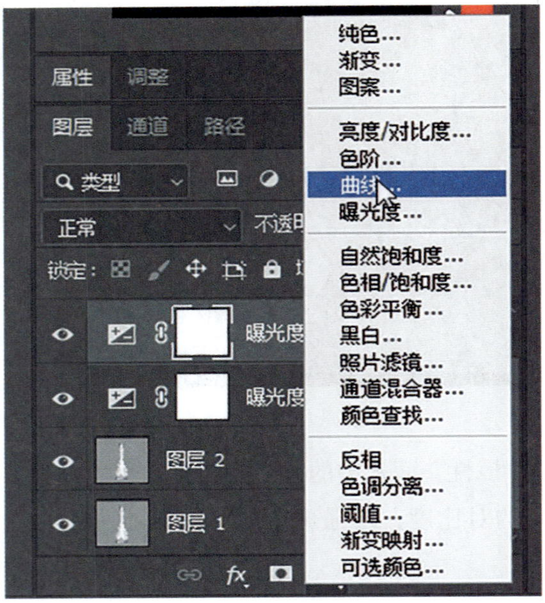

图 3-96　选择“曲线”命令

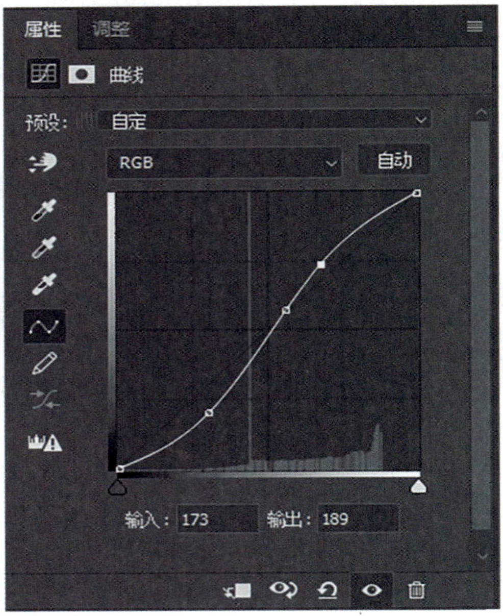

图 3-97　“强对比度（RGB）”对话框

图 3-98　增强照片层次感

三、去除污点和瑕疵

人物照片脸上会出现细纹、色斑、痘痘比较明显，肤色比较暗沉，显得比较憔悴的情况。可以使用 Photoshop 对这种类型的照片进行处理，从而让人物肌肤亮白无瑕。操作要领如下。

（1）打开 Photoshop 软件，通过“文件”中的“打开”菜单命令打开素材图片，在工具箱中找到“修复画笔工具”图标，单击该图标，选中“修复画笔工具”。

（2）在工具属性栏中设置修复画笔的大小为“16 像素”，如图 3–99 所示。

图 3-99　在工具属性栏中设置修复画笔的大小为“16 像素”

（3）在“模式”栏右侧的下拉列表中选择“滤色”选项，单击“取样”按钮，如图 3-100 所示。取样位置的颜色尽量与修复位置的颜色相近，这样就避免了修复过程中再次产生污点。

（4）放大显示图像中人物眼部，按下“Alt”键不放，同时在需要取样的位置单击鼠标左键。将光标移动到需要修复的位置，单击并拖拽鼠标修复眼部的细纹。应根据眼部的轮廓颜色和周围颜色随时修改取样点和画笔的大小，修复后的效果如图 3-101 所示。

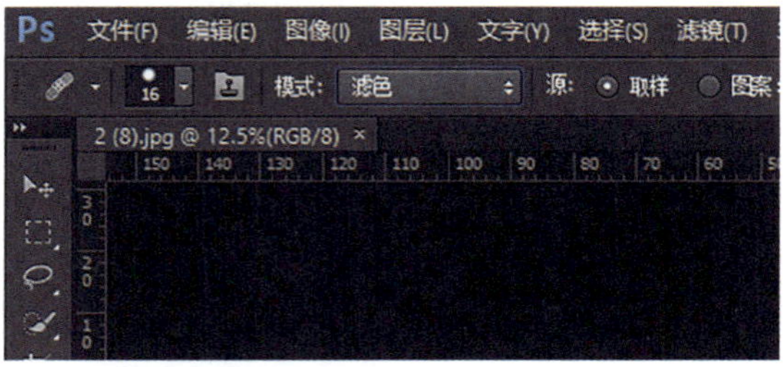

图 3-100　单击“取样”按钮

四、消除红眼

在光线较暗的环境下拍摄的时候，人物的瞳孔会放大让更多的光线通过，视网膜的血管就会在照片上产生泛红现象，这就是俗称的“红眼”现象。对于动物来说，即使在光线充足的情况下拍摄也会出现这类现象。已经拍摄出来的照片带有红眼现象可以使用 Photoshop 中的“红眼工具”进行消除红眼的操作，使照片或素材接近自然。操作要领如下。

图 3-101　修复后的效果

（1）打开素材图片，选择“红眼工具”，设置其参数，如图 3-102 所示。

（2）单击照片中的红眼区域，可得到如下图所示的效果，如图 3-103 所示。

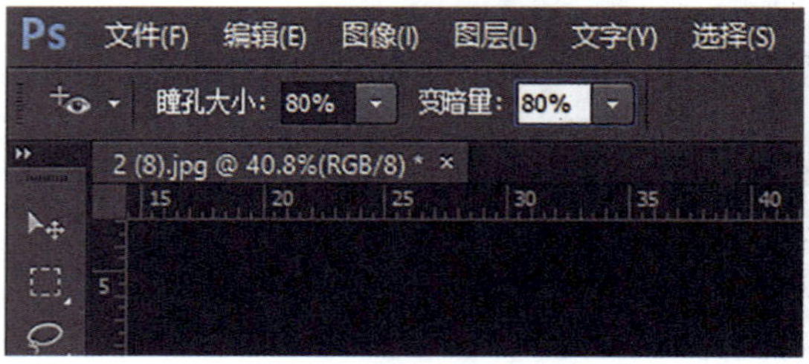

图 3-102　设置参数

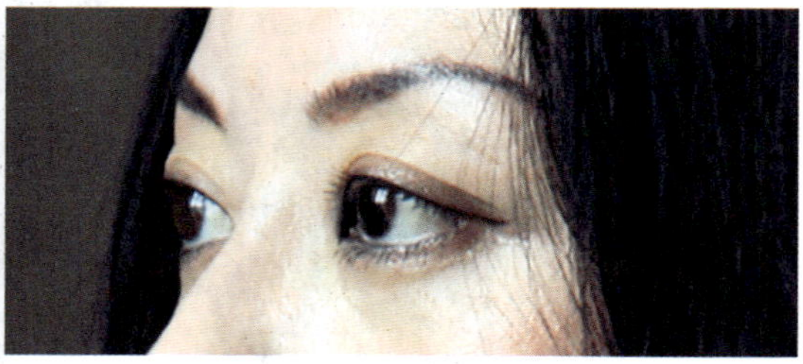

图 3-103　修复后的效果

五、去痘美颜

数码摄影对于同学们来说已经十分熟悉了，但是由于光线问题、人的皮肤问题等，拍摄出来的照片往往不尽如人意，需要再次修改，可以使用 Photoshop 中的“污点修复画笔工具”修复皮肤瑕疵。操作要领如下。

（1）打开素材图片，在工具箱中选中“污点修复画笔工具”选项，如图 3–104 所示。

（2）将图像放大以便更清晰地查看脸部斑点。如果斑点呈长条形分布，可根据其走向拖拽鼠标画一条线，线条区域会呈灰色显示，这是软件正在处理修复的视觉反馈，如图 3–105 所示。如果想要修复某个单独的斑点，需先在选项栏中调整画笔大小，使画笔直径略大于斑点，然后在斑点上单击，即可完成修复操作。

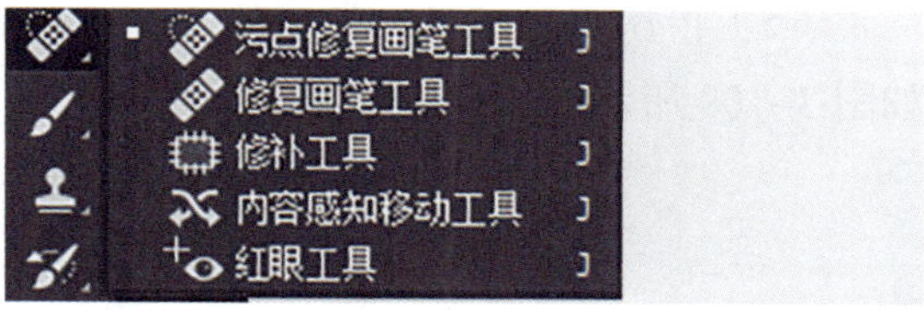

图 3-104　选中“污点修复画笔工具”选项

（3）释放鼠标后即可看到灰色区域的斑点已经消失。

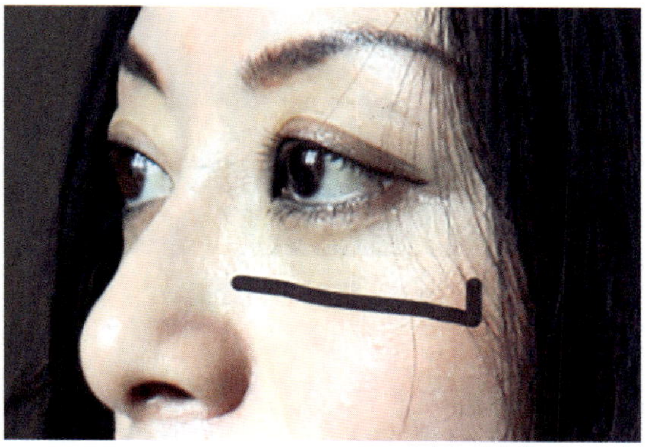

图 3-105　在脸部有斑点的地方用拖拽鼠标的方法画一条线

六、修饰模特体型

可以通过“液化滤镜工具”的使用进行模特体形的修饰。操作要领如下。

（1）打开素材图片，复制“背景”图层，命名为“图层 1”。

（2）选择“滤镜”→“液化”命令，如图 3–106 所示，弹出“液化”操作窗口。

（3）调整模特体形，完成瘦身操作。选择原图层中的裙子区域，如图 3–107 所示。复制成新的图层“图层 1”，对其进行透视变形，使其与液化过的裙子重叠。

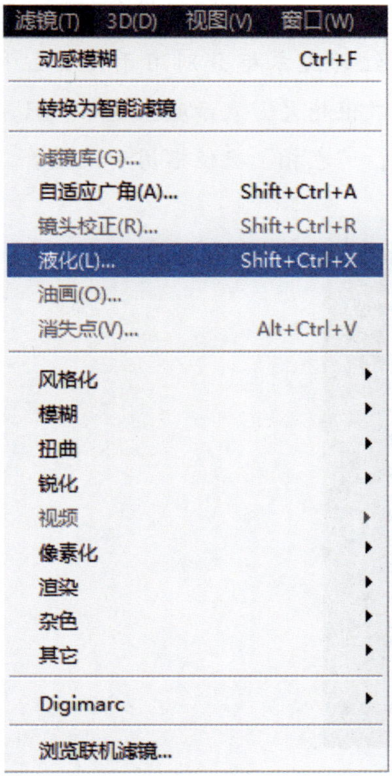

图 3-106　“滤镜”菜单

图 3-107　选择裙子区域

（4）使用修补工具将手臂处褶皱进行调整，如图 3–108 所示。

（5）再次复制图层“背景拷贝 2”。选择液化，调整腿部线条及肌肉等其他部分，如图 3–109 所示。

图 3-108　调整手臂处褶皱

图 3-109　调整其他部分

知识拓展

图像调整与色彩调试小技巧

下面介绍一些图像调整与色彩调试的小技巧。

1. 使用色相功能

在“黑白”对话框中，如图 3–110 所示，红色到洋红的文本框分别用于设置红色、黄色、绿色、青色、蓝色和洋红等颜色的色调深浅，数值越大，表示颜色越深。只有先单击选中“色调”复选框，才可以激活“色相”选项，“色相”数值框用于设置着色的色相。

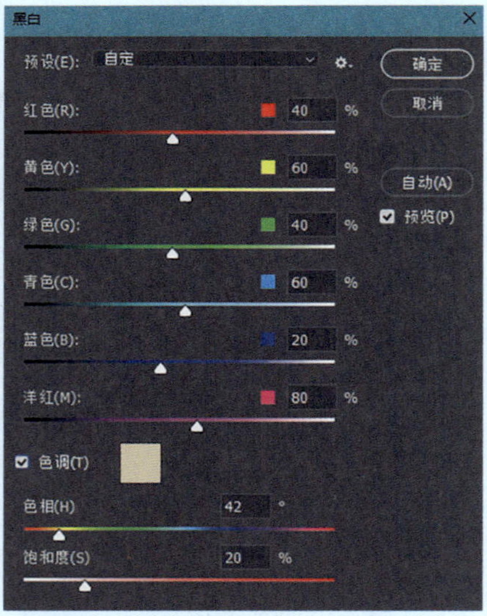

图 3-110　打开“黑白”对话框

2. 使用曲线功能对颜色进行设置

在使用曲线功能处理图像时，也可以对相关的颜色进行设置，具体操作步骤如下。

（1）在“曲线”对话框中，单击“选项”按钮，如图 3–111 所示。

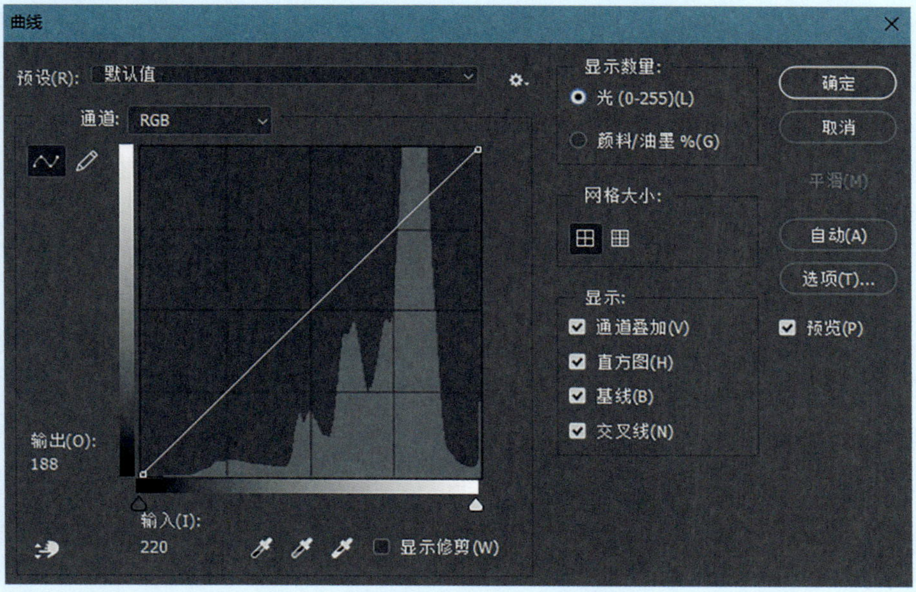

图 3-111 单击“选项”按钮

（2）弹出“自动颜色校正选项”对话框，用户可以在该对话框中对相关颜色进行设置。

3. 预览设置效果

用户在使用“替换颜色”“照片滤镜”和“曝光度”等功能时可以预览设置的效果以便随时调整。方法是需要在“替换颜色”“照片滤镜”“曝光度”等对话框中，勾选“预览”复选框。如果取消选中该复选框，则需要在完成设置后才可以返回编辑界面查看效果。

4. 中和两张图像的颜色

在使用匹配颜色功能时，如果某张图的颜色过于浓重，可以使用中和功能调整。在“匹配颜色”对话框中单击选中“中和”复选框，如图 3–112 所示，即可中和两张图像的颜色。

图 3-112 单击选中“中和”复选框

任务四　文字编排与图形绘制

在电商美工设计中，文字和图形对于向消费者完整传递商品的外观、功能、属性等信息具有举足轻重的作用。除了表意功能，文字还能起到装饰作用，而图形则作为商品装饰元素，能够增强页面的艺术感。为了提升页面整体的设计效果，需要根据店铺风格、品牌形象以及商品特性等因素，精心选择适当的字体和修饰图形。

一、文字的添加与设置

使用“横排文字工具”和“直排文字工具”为网店装修设计图添加上所需的文字。操作要领如下。

（1）新建一个 Photoshop 文档。选择工具箱中的“横排文字工具”，在“文字”工具栏中选择“幼圆”字体，并设置文字大小为 44 点，在文本框中输入文字内容。在“文字”工具栏中选择“Arial”字体，并设置文字大小为 19 点，在文本框中输入文字内容，如图 3–113 所示。

图 3-113　Arial 19 点字体字号效果

（2）选择工具箱中的“横排文字工具”，在段落文字区域拖曳创建文本框，如图 3–114 所示。

（3）在“文字”工具栏中选择“幼圆”字体，并设置文字大小为 23 点，在文本框中输入文字内容，如图 3–115 所示。

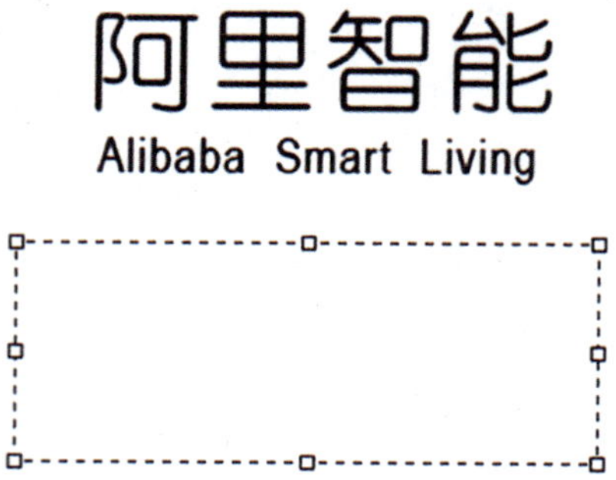

图 3-114　在段落文字区域创建文本框

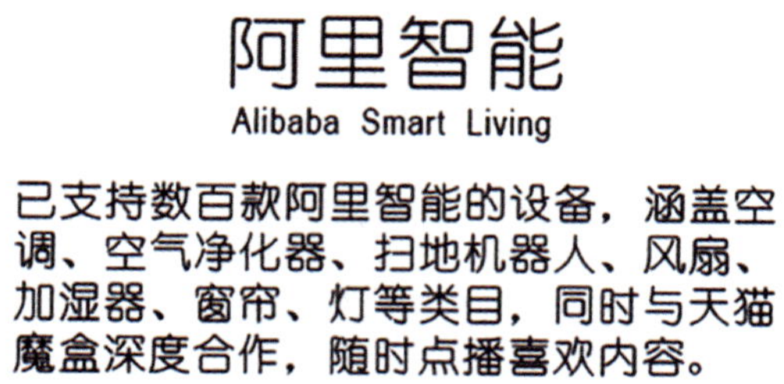

图 3-115　在文本框中输入内容

（4）打开“字体”属性面板，可以设置行间距、字间距、文字颜色等更多属性，如图 3-116。

二、绘制各种形状的图形

修饰图形是用于辅助表现商品的一种设计元素。在商品详情页中，商家通过修饰图形来增加页面的艺术感，增加消费者的阅读兴趣，使商品产生较强的视觉效果，获得消费者的好感。

在设计时，用修饰图形进行简单的辅助和点缀，能呈现较好的视觉效果。修饰图形主要包括矩形、圆形、圆角矩形、多边形等。可以使用 Photoshop 的形状工具来绘制规则形状。操作要领如下。

（1）选择工具箱中的“矩形工具”，在属性栏中适当地设置参数，移动光标至图像窗口中拖动，即可得到所需的矩形路径或形状，如图 3-117 所示。

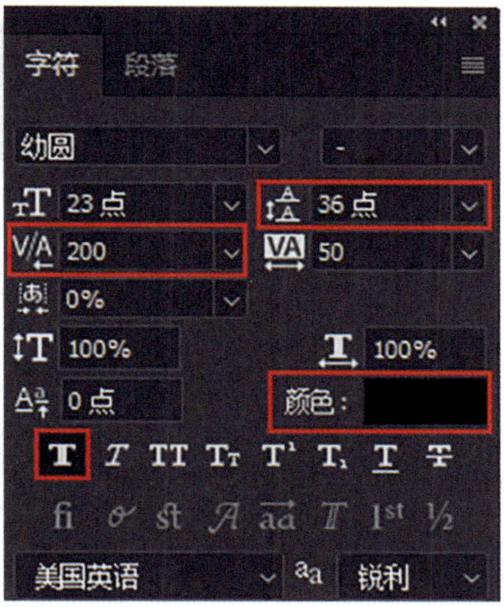

图 3-116　“字体”属性面板

（a）半径 0　　（b）半径 20　　（c）半径 50

图 3-117　设置不同参数所绘制的形状

提示

选择“矩形选项”面板中的“圆角矩形工具”按钮，可绘制圆角矩形的形状、路径或填充区域。其参数设置与绘制矩形时的参数设置基本相同，只不过此时可以设置矩形的圆角半径。

（2）使用“椭圆工具”可绘制椭圆的形状、路径或填充区域。如果在绘制椭圆时按住“Shift”键，可绘制圆；如果按住“Alt”键，将以单击点为中心绘制椭圆；如果同时按住“Shift+Alt”键，将以单击点为中心绘制圆，如图 3-118 所示。

（3）“多边形工具”主要用来绘制多边形和各种星形的形状、路径或填充区域。选择“多边形工具”后，在选项中单击黑色倒三角按钮，可以打开“多边形选项”面板。在工具栏上的“边”文本框中输入数值，如图 3-119 所示，可以设置要绘制的多边形或星形的边数，如图 3-120 所示。

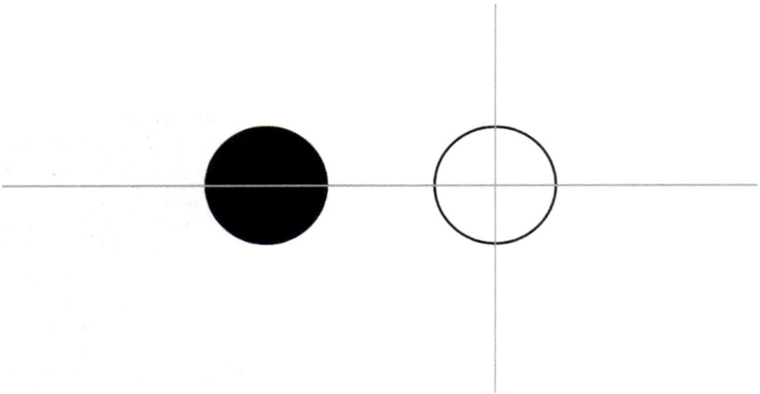

图 3-118　使用“椭圆工具”绘制的圆

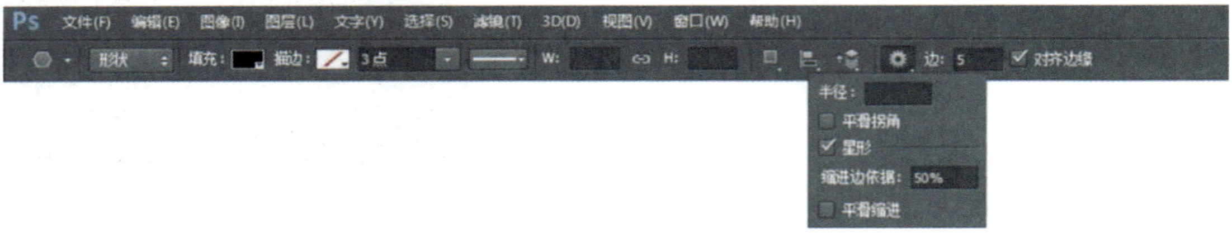

图 3-119　在工具栏上的“边”文本框中输入数值

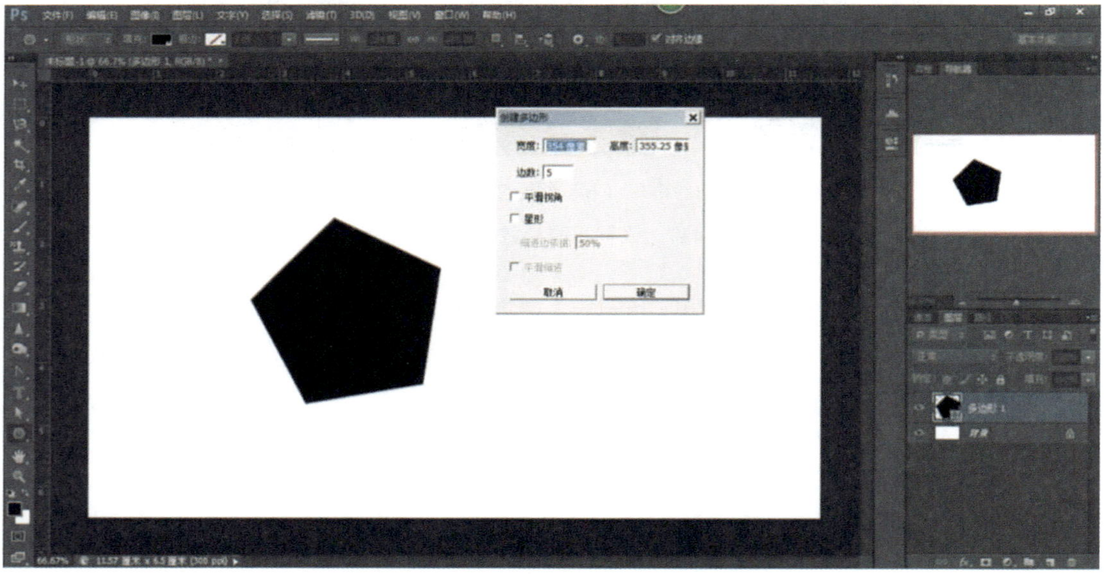

图 3-120　设置要绘制的多边形或星形的边数

（4）“直线工具”主要用来绘制直线的形状或路径，此外，也可绘制箭头的形状或路径。选择“直线工具”，在选项中打开“箭头”面板，如图 3–121 所示。在工具栏上的“粗细”文本框中输入数值，设置线条的宽度，便可以做出各种箭头了，如图 3–122 所示。

图 3-121　打开“箭头”面板

图 3-122　在工具栏上的“粗细”文本框中输入数值

（5）“自定义形状工具”可以绘制各种图形。在其属性栏上，和“钢笔工具”一样，也有“形状图层”“路径”和“填充像素”。“形状图层”，绘制的是用前景色填充的路径；“路径”，仅仅绘制路径，无颜色填充；“填充像素”，绘制的是用前景色填充的图形，没有路径。在使用此工具时，同时使用“shift”键，就可以绘制正方形、圆形、水平直线、垂直直线和 45° 角直线。

提示

Photoshop 预置了很多形状，供我们画图时使用。在“形状”下拉菜单里，我们可以看到预置形状的各种样式。Photoshop 的“形状”是一个非常有用的功能，可以在网上下载各种形状，载入 Photoshop 中，方便绘图使用。

案例导入

制作轮播海报播放按钮

某全球速卖通店铺需要制作一个轮播海报播放按钮图片，其操作步骤如下。

（1）新建一个图像文件，设置“宽度”为 12 厘米、“高度”为 12 厘米、“分辨率”为 72 像素 / 英寸、“背景内容”为透明。新建图层后将背景填充为黑色。

（2）新建一个图层，使用“椭圆选框工具”将鼠标指针移至画布正中，按住“Shift+Alt”组合键不放，同时按住鼠标左键，由中心向外拉出一个正圆，选择“渐变工具”，渐变条前后色标颜色分别设置为（R：106，G：97，B：106）和（R：18，G：18，B：18），渐变模式选择径向渐变。

（3）将鼠标移动至正圆内，按住鼠标左键，由上往下拉出渐变。选择“加深工具”与“减淡工具”，绘制出明暗关系，如图 3–123 所示。

（4）首先新建一个图层，使用“椭圆选框工具”绘制一个新的椭圆，填充白色。然后为该图层添加蒙版，设置黑白渐变，在蒙版上拉出渐变。最后将该图层复制，并添加一个叠加高光效果，使其更具立体感，效果如图 3–124 所示。

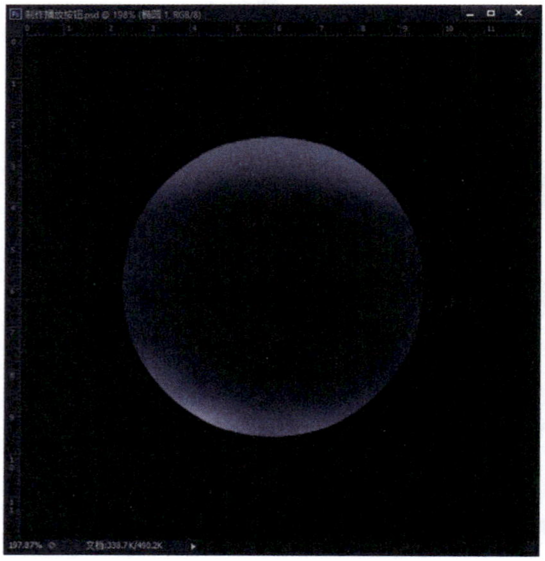

图 3-123　渐变设置效果

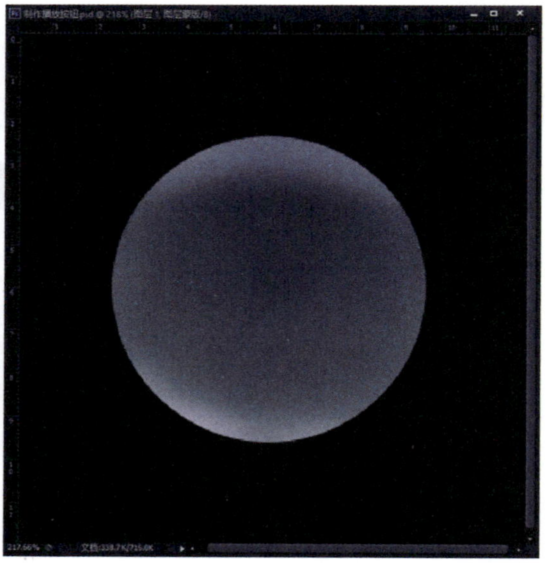

图 3-124　叠加高光效果

（5）新建一个图层，使用“自定形状工具”，选择“形状”状态，单击“应用”按钮追加全部形状，选择图 3–125 所示形状，设置“填充”为无，“描边”为红色，大小为 2 点。将鼠标指针移至圆中心，拖动鼠标后绘制形状路径。按“Ctrl+T”组合键自由变换，结合变形模式调整形状，使花纹更贴合球体，再使用“橡皮擦工具”，修改为柔和边缘，并将多余的边缘擦去，最后将图层混合模式设置为“划分”，效果如图 3–125 所示。

（6）新建一个图层，使用“自定形状工具”绘制三角形，按“Ctrl+T”组合键变换方向，为其设置图层阴影样式，效果如图 3–126 所示。

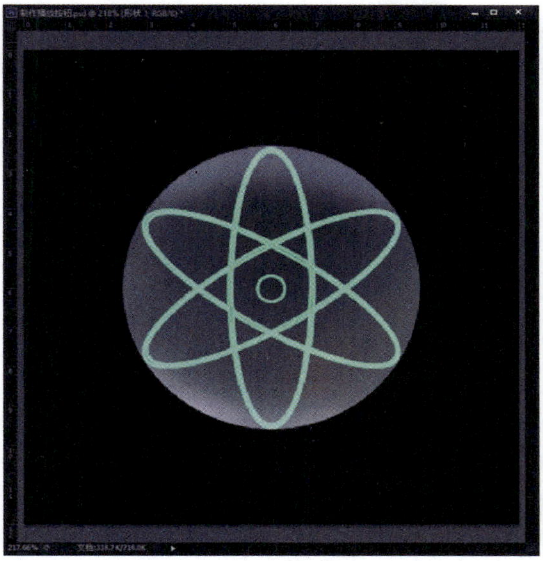

图 3-125 印花部分设置

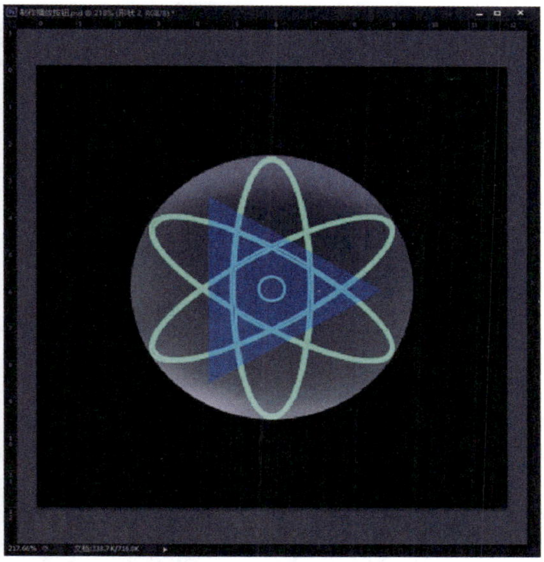

图 3-126 箭头部分绘制

（7）使用“直线工具”，按住“Shift”键绘制出 4 条虚线。在“直线工具”属性栏中设置颜色为（R：0，G：183，B：283），其余设置如图 3–127 所示，最终效果如图 3–128 所示。

图 3-127 绘制虚线

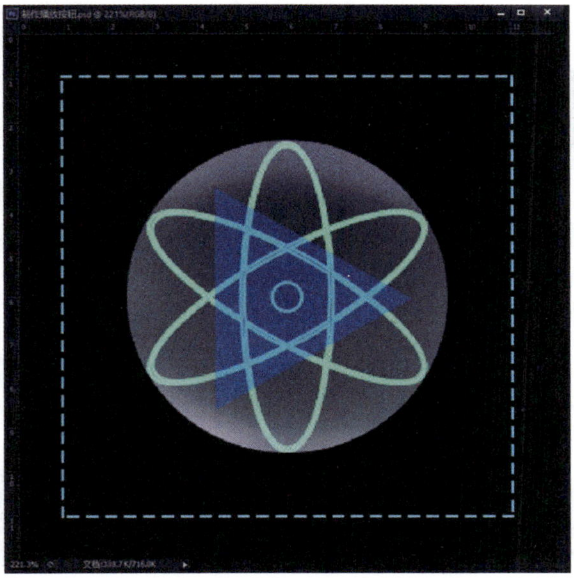

图 3-128 播放按钮效果图

任务五　特效制作

电商美工设计时，经常需要对已经拍摄好的商品图片添加各种特殊效果，突出商品的特征和属性。

一、突出商品形象

在商品拍摄过程中，由于背景较为复杂，拍摄出的照片常常层次不明显，商品在照片中不够突出。通过 Photoshop 可以对照片进行后期处理，制作出商品的景深效果，突出商品的形象。

Photoshop 提供了“模糊画廊”中的“光圈模糊”“场景模糊”“倾斜模糊”3 个滤镜来构造景深的效果。“光圈模糊”滤镜可以在照片中模拟出真实的景深效果，使用该滤镜可以自定义多个焦点，实现传统相机很难实现的效果。操作要领如下。

（1）在 Photoshop 中打开商品图像，如图 3–129 所示。

（2）点击“滤镜”→“模糊画廊”→“光圈模糊”菜单，打开“光圈模糊”对话框，如图 3–130 所示。在图像中调整模糊光圈的大小和位置，同时设置“光圈模糊”的值，如图 3–131 所示。

图 3-129　打开商品图像

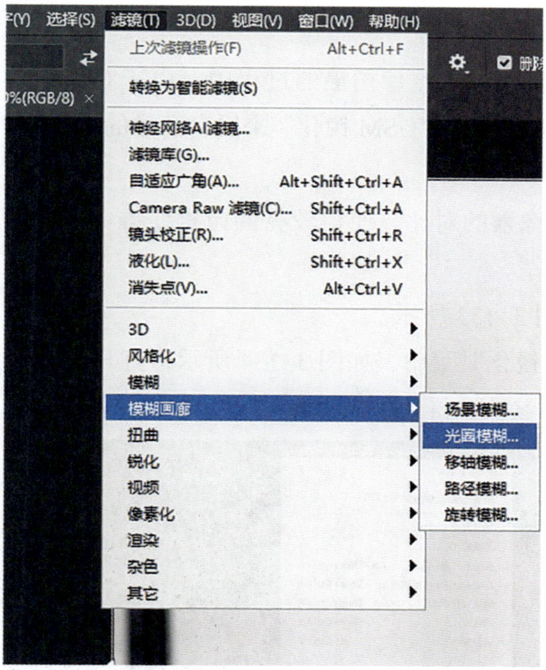

图 3-130　选择“光圈模糊”

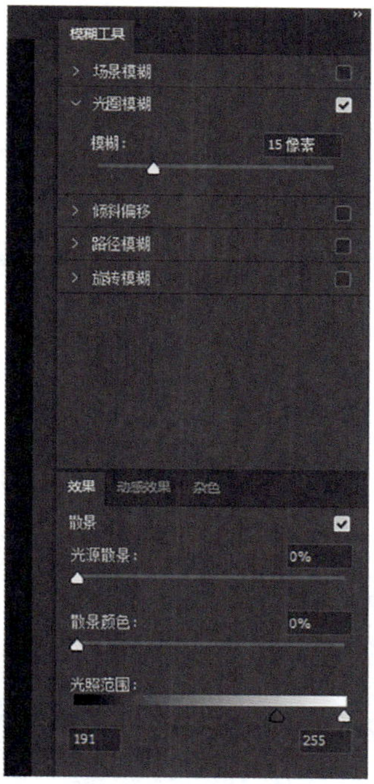

图 3-131　“光圈模糊”对话框

用“光圈模糊”滤镜对照片中的玉器周围图像进行了适当的模糊调整，使商品与周围图像形成了对比，构建出明显的景深效果，使商品更加突出，如图 3–132 所示。

图 3-132　经“光圈模糊”调整后的效果

二、展示商品细节

电商美工设计时，商品清晰是最基本的要求。在照片拍摄的过程中，由于对焦等问题，商品局部往往不够清晰。可以使用 Photoshop 中的“USM 锐化”来提高商品的清晰度，增强商品的表现力。

“USM 锐化”将根据指定的量增强邻近像素的对比，使得较亮的像素变得更亮，而较暗的像素变得更暗。操作要领如下。

（1）在 Photoshop 中打开商品图片，如图 3–133 所示。

（2）点击“滤镜”→“锐化”→“USM 锐化”菜单，如图 3–134 所示，打开“USM 锐化”对话框，如图 3–135 所示，设置其中的参数，得到了如图 3–136 所示的效果。

图 3-133　打开商品图片

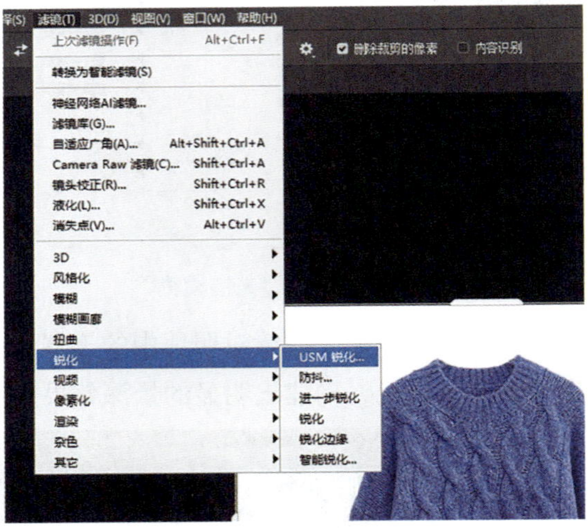

图 3-134　选择“USM 锐化”命令

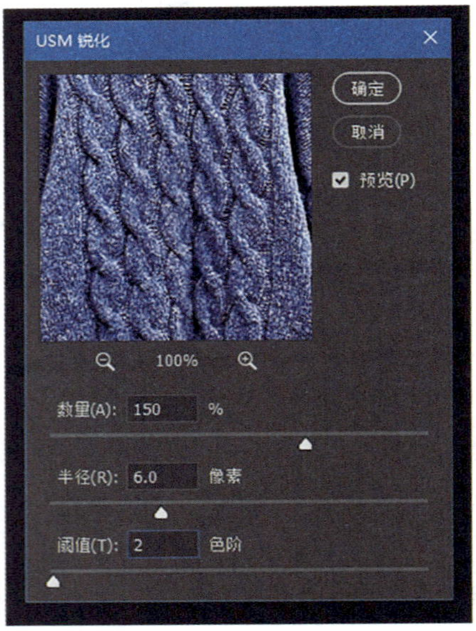

图 3-135　“USM 锐化”对话框

图 3-136　经“USM 锐化”后的效果

课后实践

学习完本项目的内容后，认真完成表 3-1 的实践清单。

表 3-1　实践清单

模特外景拍摄训练	
实践任务	制作一个以商品为背景的轮播海报，展示服装店铺的产品
实践目标	能灵活使用 Photoshop 的各种工具和功能，制作的海报能吸引顾客的注意力
实践步骤	（1）收集高质量的服装商品照片和店铺 Logo，确保素材清晰； （2）选择合适的页面尺寸和分辨率，以适应海报的展示需求； （3）将收集好的商品照片和店铺 Logo 拖放到 Photoshop 中； （4）使用移动工具和变换工具等，将商品照片和 Logo 摆放在合适的位置，确保整体布局美观； （5）使用色彩调整工具（如调整图层、色阶、曲线等），增加图像的饱和度、对比度和色彩平衡； （6）选择适合的字体和字号，在适当位置添加店铺名称、口号、产品描述等文本，并利用图形绘制工具添加一些装饰性图形元素； （7）利用 Photoshop 的动画功能，如逐帧动画或时间轴动画，实现商品图片在海报中的轮播效果； （8）根据需求设置每张图片的停留时间和过渡效果，确保海报切换流畅自然； （9）通过预览功能查看海报效果，确认无误后，将海报保存为合适的文件格式
实践提示	（1）如果需要使背景图片更加突出，可以适当调整商品照片或文本的透明度； （2）选择合适的字体，保证字体风格与店铺形象和产品风格相匹配
实践总结	

实践评价

完成以上实践清单后，认真完成表 3-2 的实践评价。

表 3-2　实践评价

评价内容	分值	得分
参与实践的积极性、主动性	25	
独立思考能力	25	

续表

评价内容	分值	得分
创新能力	25	
使用 Photoshop 的熟练程度	25	
教师点评：		

项目小结

Photoshop 图像美化需要综合运用多方面的知识，在实施过程中，首先要了解 Photoshop 的基本操作和界面。其次使用不同的抠图工具和方法，将图像从背景中分离出来，以便进行后续的处理。再次进行色彩调整和修饰，根据需求调整参数和运用工具，使图像更加美观。在进行文字编排和图形绘制时，需要注意排版美观、图形清晰等要素。最后根据需要添加特效，使用合适的滤镜和动态效果，使图像更加吸引人。

思考练习

1. **对外形不规则商品的抠取常用到 Photoshop 中的哪些工具？**
2. **对图像进行色彩调整常用到 Photoshop 中的哪些工具？**
3. **对商品图进行特效制作有哪些常用方法？**

项目四

跨境电商页面设计

项目导读

跨境电商页面设计是指针对跨境电商平台或店铺的网页界面进行设计，以吸引潜在客户、提高转化率和用户体验。设计内容包括页面布局、色彩搭配、图片处理、文字排版等方面。

在实施过程中，需要综合考虑品牌形象、目标用户群体、产品特点等因素，不断优化设计，提高用户体验和转化率。同时，需要关注市场趋势和竞争对手情况，及时调整设计策略。

学习目标

知识目标

（1）了解首焦轮播区的基本概念和作用。

（2）了解商品陈列区的设计要点。

（3）了解商品主图、店招和详情页的设计规范和要求。

技能目标

（1）能够设计吸引人、符合品牌形象和营销目标的首焦轮播区和商品陈列区。

（2）能够根据目标市场和用户需求进行个性化的商品陈列区设计。

（3）能够根据商品特性和目标市场设计合适的商品主图，突出商品特点，吸引消费者注意。

（4）能够设计吸引人的店招，突出店铺形象和特色，吸引客户进店消费。

（5）能够设计精美、清晰、结构合理的详情页，使消费者能够快速了解商品信息并进行购买决策。

素质目标

（1）培养学生对美学、设计感和用户体验的鉴赏能力。

（2）培养学生的创新思维和灵活应变的能力，使其适应不断变化的市场需求。

（3）培养学生的团队合作和沟通能力，使其能与设计师、市场营销人员和客户等进行有效的合作。

思政目标

（1）加强学生对创新创业的理解与实践，培养其创新精神与创业意识。

（2）强化学生对消费者需求的尊重和关注，培养其社会责任感和道德情操。

（3）使学生通过设计的过程和结果，传递积极向上、具有正能量的信息与价值观。

任务一　首焦轮播区设计

在实体店中，商家会通过张贴活动海报，展示新品上架、折扣信息等内容的方式来告知买家店铺的最新动态。网店受平台的限制不能通过张贴活动海报的方式来实现信息的传递，而是利用首焦轮播区来代替活动海报的功能。

一、首焦轮播区的作用

首焦轮播区是指网站或应用程序主页上的一个区域，用于展示多个有吸引力的图片或内容，在一定时间间隔内轮流切换显示。网店的首焦轮播区主要用于告知买家网店某个时间段的广告商品或促销活动，位于网店导航的下方，如图4–1所示。它的主要作用就是告知买家网店在某个特定时间段的一些动态信息，帮助买家快速了解网店的活动或商品信息。

图 4-1　网站的首焦轮播区

首焦轮播区的作用主要有以下几点。

1. 吸引用户注意力

通过动态切换多个图片或内容，吸引用户的注意力，使其更加关注网站的核心信息和推广内容。

2. 展示商品或服务

商业网站可以利用首焦轮播区展示最新的产品、特价促销、热门活动等，提高用户对商品或服务的认知度和购买意愿。

3. 提升用户体验

首焦轮播区可以为用户提供多样化的内容浏览体验，使网站更具吸引力和动感，增加用户在网站停留的时间。

4. 强调品牌形象

通过展示与品牌形象相符的图片和内容，首焦轮播区可以提升品牌的视觉识别度和印象，以及品牌形象和认可度。

5. 导航和引导功能

在首焦轮播区中加入合适的指示按钮或链接，可以引导用户进一步探索网站的其他重要页面，提升网站的导航功能。

值得注意的是，首焦轮播区的设计需要注意平衡展示内容的数量、切换速度和用户体验之间的关系。过多的切换和内容可能会分散用户的注意力，而切换过快或设计不当可能会导致用户无法充分理解和消化展示的信息。因此，在设计首焦轮播区时，需要考虑到用户的浏览习惯、网站的定位和目标，以及各个轮播内容的关联性和有效性。

二、轮播海报的设计

1. 轮播海报的设计要点

轮播海报一般位于导航的下方，占据较大的面积，其常见形式为多张海报循环播放。可以说，它是顾客进入店铺首页看到的最醒目的区域，利用好轮播海报，不仅能给人震撼的感觉，还能使顾客第一时间了解店铺的活动和促销信息。

（1）主题

海报的制作需要一个主题，无论是新品上市、清仓甩卖，还是节日促销，都要选定主题后方能围绕该主题确定海报的文案和信息等。海报的主题是商品描述的直接体现，主要的表现形式是图文结合。总的来说，一幅海报基本由三部分构成，即商品、背景和文案，见表 4–1。

表 4-1 海报构成的三部分

组成部分	具体内容
商品	要展示的物品
背景	根据商品本身的特点来选择合适的背景。最常见的背景是颜色背景和场景背景
文案	文案的字体不宜超过 3 种，可以选用粗大的字体以突出主题。文案分主题内容、副标题和说明性文字，把握好主次关系，适量留白，让顾客在浏览过程中能轻易地抓住画面信息的重点

图 4–2 就是典型的商品 + 背景 + 文案的组合。

图 4-2　商品 + 背景 + 文案案例

（2）构图

海报的构图主要讲究的是和谐且主题突出。一般有以下分类：

① 左右构图

这种构图方式比较沉稳，画面不失平衡感。比较典型的通常有左文右图和左图右文两种模式，如图 4–3 和图 4–4 所示。

图 4-3　左文右图构图示例

图 4-4　左图右文构图示例

② 左中右构图

海报两侧为图片，中间为文字。相较于左右构图，此种构图方式更具层次感，如图 4–5 所示。

图 4-5　左中右构图示例

（3）配色

海报的配色十分关键，画面的色调会营造一种氛围。在配色时，重要的文字信息要用醒目的颜色加以强调，以对比度来传递画面信息。此外，以不同的配色方案来确定相应的风格，进而展现商品特点。

图 4-6　温馨的粉色系搭配

如图 4–6 所示，同色系的浅粉和深粉的混搭，使得画面唯美、浪漫又不失高雅。

2. 轮播海报的设计流程

（1）目标人群分析、商品分析和广告目标定位

① 目标人群分析

分析广告投放区域的主要访问人群，进而分析他们的审美观及消费心理。例如：不同年龄层次及不同消费能力的人，对色彩、风格的喜好或者注意的点是截然不同的，因而一定要针对其审美设计出能吸引他们的轮播海报。

② 商品分析

分析商品的卖点、价值点，即商品图片应该以什么样的角度或者风格去呈现。例如：分析商品的哪个款式最具代表性或者哪个颜色是主打，最能吸引买家的眼球并体现商品价值，进而将引起买家关注的点用图片表现出来。

③ 广告目标定位

在设计一幅海报时，要确定广告目标，明确是促销广告、活动广告还是品牌形象类广告。促销广告是以降价打折为手段来刺激买家；活动广告是以预告活动给买家带来利益的形式来吸引买家收藏或者关注；而品牌形象类广告则是以加深品牌印象和好感为主要目的。对此，我们要做到有的放矢。

（2）沟通策划

① 主题内容

主题内容是指在海报中展现的内容，如模特、折扣信息、商品图片、文案、商标等。应当将所有内容梳理后用最简练的方式进行表达。

② 文案内容

海报中的文案内容不宜过多，应该尽量做到言简意赅，引起买家的兴趣。

③ 素材准备

设计的过程就如同盖房子一样，需要各种材料，如背景素材、标签、字体等。我们既可以提前通过网络搜集各种素材，也可以借鉴其他网站的广告设计。充足且优质的素材可以起到事半功倍的效果。

3. 轮播海报的设计实施

（1）尺寸

只有知道了尺寸，才能开始设计和规划轮播海报，具体的尺寸要根据平台的要求来确定。

（2）背景与色调

海报可以选择图片、渐变色或简单的纯色作为背景，因为背景占据的面积较大，所以背景的色调几乎决定了广告图的色调。

（3）字体与排版

虽然字体的种类繁多，但并不是每一种都可以随便使用，每种字体都各有其风格，有的时尚，有的可爱，有的沉稳大气，有的个性活泼。在设计时，要根据商品的风格来选定合适的字体类型。同时，排版时文字的位置、间距等也会影响视觉效果。

（4）主题层次

一般而言，在海报图片中会有多个主题信息，安排好这些信息的主次和视觉顺序也是很重要的，如图 4-7 所示。

图 4-7　促销海报设计制作练习

知识拓展

不同跨境电商平台的首焦轮播区规定

不同跨境电商平台对首焦轮播区的规定可能会有所不同，这些规定通常会涉及尺寸、格式、内容等方面的要求。以下是一些常见的跨境电商平台对首焦轮播区的规定。

1. 亚马逊

亚马逊对首焦轮播区的尺寸要求为 1 200 像素（宽）×450 像素（高）或 1 920 像素（宽）×768 像素（高），支持 JPEG 和 PNG 格式的图片，并要求文字内容在图片中不超过 30%。

2. 敦煌网

敦煌网对首焦轮播区的尺寸要求为 1 920 像素（宽）× 600 像素（高），支持 JPEG、PNG 和 GIF 格式，图片文件大小不超过 2 M。建议在首焦区域展示相关产品或活动促销内容。

3. 全球速卖通

全球速卖通对首焦轮播区的尺寸要求为 940 像素（宽）× 360 像素（高），支持 JPEG 格式，图片文件大小不超过 2 M。可以使用多张图片进行轮播展示。

4. Shopee

Shopee 对首焦轮播区的尺寸要求为 1 440 像素（宽）× 400 像素（高），支持 JPEG、JPG 和 PNG 格式，图片文件大小不超过 2 M。可以使用多张图片进行轮播展示。

需要注意的是，这些规定可能会根据平台的更新而有所改变，因此在设计和上传首焦轮播区内容之前，建议查阅并遵循各个跨境电商平台的最新规定和指南，以确保符合其要求并获得最佳的展示效果。

案例导入

女鞋的轮播海报设计

为了能够熟悉并掌握轮播海报的常用尺寸、特点及展现手法，独立设计符合要求的轮播海报，现有一专营女鞋品类的全球速卖通店铺，要求根据所提供素材制作一幅轮播海报，如图 4–8 所示。

图 4-8　轮播海报示例

设计步骤如下。

（1）新建一块宽为 950 像素、高为 300 像素的画布，命名为“海报图”（文件名称可以随意定，不过建议选取简单、易记忆、好识别的名称），如图 4–9 和图 4–10 所示。

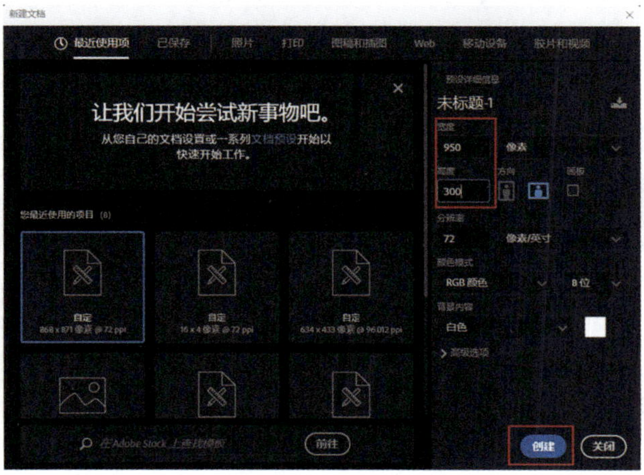

图 4-9　新建文件

图 4-10　创建海报文件

（2）用矩形选框工具结合油漆桶填色，制作有立体感的背景图片，营造一种氛围，如图 4–11 所示。

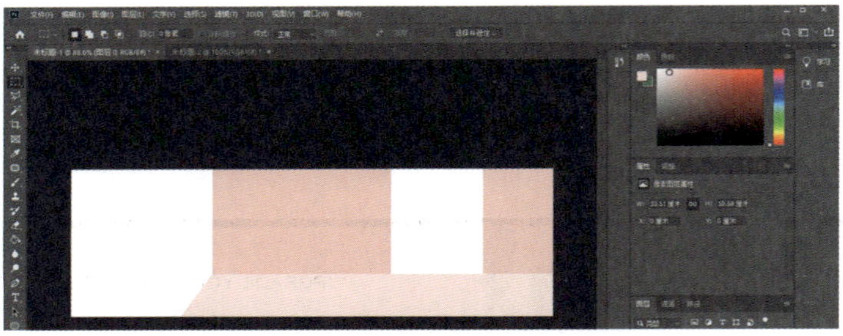

图 4-11　海报背景完成图

（3）将素材图片移至做好的背景上，如图 4–12 所示。

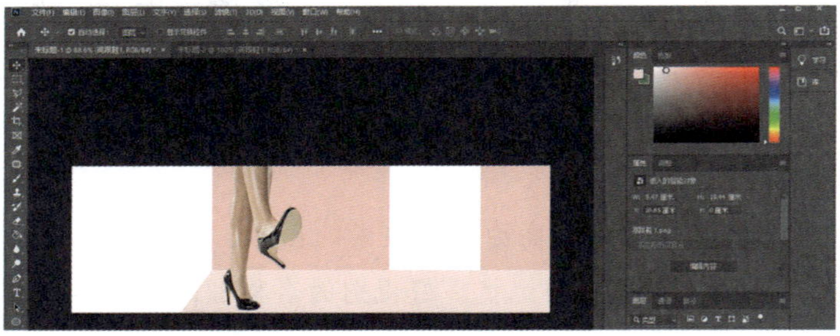

图 4-12　把模特图移到背景图上

（4）添加提前设计好的广告文案，完成后的轮播海报如图 4–13 所示。

图 4-13　轮播海报最终效果图

任务二　商品陈列区设计

网店商品陈列区设计是指网店首页或特定页面上展示商品的区域设计。陈列区是商品橱窗展示的精髓所在，对于网店销售同样重要。

一、商品陈列区的作用

网店的商品陈列区具有以下作用。

1. 吸引用户注意力

商品陈列区设计可以通过各种视觉元素（如颜色、图像、排列等）吸引用户的眼球。精心设计的陈列区可以迅速吸引用户的兴趣和注意力，增加他们浏览网店的欲望。

2. 提升品牌形象

通过精心设计的商品陈列区，可以展示品牌的独特风格、理念和价值。这有助于树立品牌形象，增加用户对品牌的认知和好感，进而增加用户的购买意愿和忠诚度。

3. 展示热门产品和促销活动

商品陈列区设计可以用于突出网店的热门产品和特价促销活动。通过醒目的展示，吸引用户点击并了解商品详情，提高销售转化率。

4. 引导用户浏览和购买

合理的商品陈列区设计可以通过布局和导航引导用户浏览网店的不同分类和产品，帮助用户快速找到所需的商品，提高用户体验和购买便捷性。

5. 提供购买决策支持

商品陈列区设计可以通过添加产品特点、优势、用户评价等信息，为用户提供购买决策所需的支持和参考。

6. 推广新品和推荐商品

通过商品陈列区设计，可以有针对性地推广新品和推荐搭配商品，有效提高这些商品的曝光率和销售量。

提示

在进行跨境电商网店商品陈列区设计时，要了解目标市场的文化、消费习惯和购买偏好。不同的市场可能对颜色、排列方式、字体等有不同的偏好，因此应根据目标市场进行定制化设计。

二、商品陈列区的设计要点

1. 视觉动线营造

许多卖家习惯将商品展示图片整齐划一地排列在网店首页中，如图 4–14 所示。之所以选择这种方式，可能是因为这些卖家认为与将商品乱七八糟地摆放相比，买家更愿意看到整齐排列的商品货架。

图 4-14　商品陈列图

虽然整齐划一确实是一种最为保守、保险与传统的布局方式，设计时也简单、方便，但是需要注意一些设计事项。

通常情况下，人们已经习惯了从左向右、从上到下的阅读模式，这样的习惯延续到了网页上。与阅读书籍不同的是，互联网用户习惯于以快速扫描、捕捉关键点的方式进行浏览。这一浏览习惯会影响人们对首页商品展示图片布局的观感。如果在网店首页放置过多的图片，如同密密麻麻的文字一般，就会让买家失去浏览的耐心。这会直接导致 F 形浏览模式的形成。

F 形浏览模式是由长期研究网站可用性的美国著名网站设计师柯柏 · 尼尔森在《眼球轨迹的研究》中提出的。他认为大多数情况下浏览者受浏览经验与习惯的影响，都会不由自主地以 F 形的模式阅读网页。

因此，在进行商品展示图片的排列设计时，首先要使用整洁的排列让买家获得轻松感，图片不宜过多，横排图片最好不超过 5 张，因为过多的图片容易让买家感到浏览压力并产生疲倦感。

除此之外，通过灵活多变的排列方式形成图片组合的视觉动线，也能减少过于死板的排列组合带来的枯燥与乏味感。

在互联网时代，买家形成了互联网行为模式，他们青睐快速、轻便的阅读体验，所以在进行电商视觉设计时，也要尽可能地为买家营造这样的阅读环境。同时也要明白，并不是商品信息摆放越多，商品出售的可能性越大，如果这些商品信息不被买家关注，那么放置再多的内容也是徒劳的。应尽可能让买家看到所展示的商品，并凝聚他们的注意力，提高所展示商品信息的转化率，这才是视觉设计要达到的真正目的。

2. 商品布局

商品图片的布局是影响商品陈列区整个版式的关键，也是确立整个首页风格的关键。为了吸引买家的眼球，可以根据商品的功能、外形特点、设计风格来对商品陈列区布局进行精心的规划与设计，将网店中的商品艺术化地展现出来。

常见的商品陈列区布局方式有 3 种，包括方块式布局，以及下面将要介绍的折线型布局与随意型布局。

（1）折线型布局

折线型布局就是将商品图片按照错位的方式进行排列，如图 4–15 所示。在这种布局中，买家的视线会沿着商品图片做折线运动。这样的设计可以给人一种清爽、利落的感觉，具有韵律感。

（2）随意型布局

随意型布局就是将商品图片随意地放置在页面中，如图 4–16 所示。这种随意往往需要营造出一种特定的氛围和感觉，让这些商品之间产生一种联系，否则画面中的商品会由于缺乏联系而显得突兀。随意型布局在女装搭配、组合销售中使用得较多，是一种灵活性较强的布局方式。

图 4-15　折线型布局

图 4-16　随意型布局

知识拓展

网店商品陈列区设计技巧

1. 有针对性地展示商品

根据用户需求和购买习惯，有针对性地展示商品。比如，根据用户的浏览历史、购买记录等，为其推荐相似或相关的商品，提高商品曝光率和销售量。

2. 突出关键信息

在商品图片中突出展示产品的特点、优点和价格等信息，引导用户更好地理解和决策。

3. 保持品牌一致性

在商品陈列区设计中保持与品牌一致性，不同陈列区的设计、配色、字体等应尽量保持统一，加强品牌形象的延伸效应。

4. 利用数据优化设计

通过数据分析，了解用户浏览、购买和关注的商品信息和习惯，优化商品陈列区的设计，提高购买转化率。

5. 采用多样化的陈列方式

利用多种陈列方式（如单张展示、组合展示、瀑布流排列等），展示商品的不同维度和属性，增加用户的浏览和购买兴趣。

6. 强调促销优惠

对正在促销或打折的商品在商品陈列区进行强调展示，吸引用户的注意力，提升促销效果和销售额。

7. 保持页面简洁性

在商品陈列区的设计中，应尽量保证整体页面的简洁性，避免信息过载，减少用户的厌倦感和误解风险。

任务三　店 招 设 计

店招是网店的灵魂，必须放在网店页面的顶部，用来说明经营项目，招揽买家。对于实体店来说，店招就是店铺的招牌，从品牌推广的角度来看，一个好的店招不仅是店铺坐落地的标志，更能起到户外广告的作用。

网店不需要实体门面，店招就相当于网店的门面。店招一般都有统一的大小，为 950 像素 ×150 像素，单独店招高度为 120 像素，加上默认导航的 30 像素，整个店招的高度为 150 像素。店招图片的格式一般为 JPG、GIF。网店的门面当然是越吸引人越好，所以网店美工的工作也就应运而生了。一个好的店招完全可以体现出店铺和所售商品的特点，在让买家记住的同时自然会增加商品的销量。

不同类型的店铺应该使用不同的店招风格，这与所售卖的商品类别息息相关。

一、店招的设计要点

店招，即店铺的招牌，是实体店在视觉上最为引人注目的标志，其核心作用在于吸引消费者的目光，并促使他们记住店铺。店招通常位于店铺首页的顶部，是店铺对外展示的重要窗口，也是新客户对店铺形成初步印象的关键来源。若店招设计独特且具有吸引力，则有望在下次消费时唤起客户的记忆或收藏，进而引导他们快速找到店铺进行购物。因此，鲜明且有特色的店招对于网络店铺来说有着不可替代的作用，如图 4–17 所示。

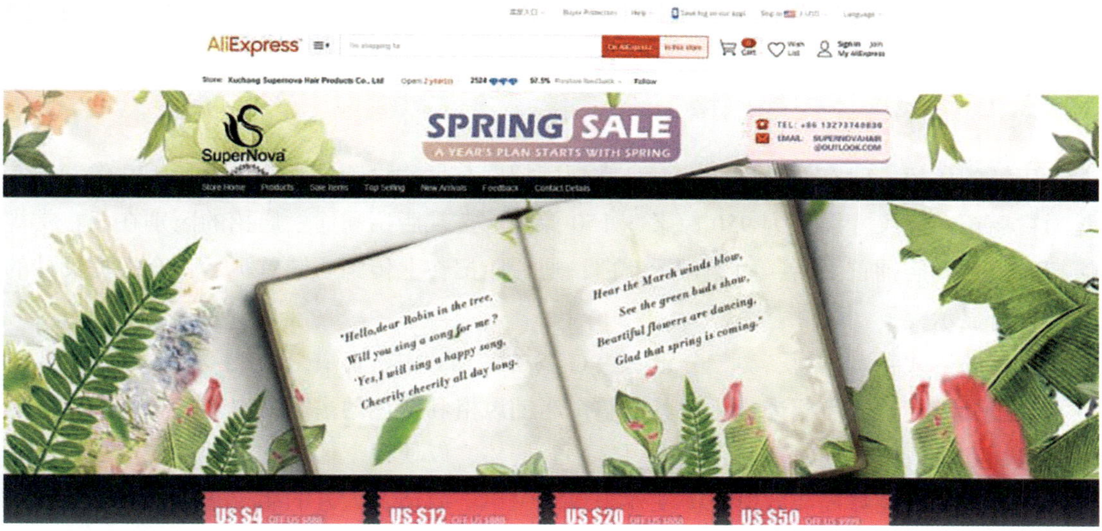

图 4-17　店招

不同类型的店铺具有不同的店招风格。例如：可爱型的店招主要针对母婴用品店、童装店、玩具店、宠物店以及适合年轻女孩佩戴的饰品店等，在设计的时候就要注意使用轻快明亮的颜色和较简单的线条。

扫一扫

店招设计

二、店招的设计策略

在设计店招之前，应该制定相应的策略，主要分 6 个步骤，见表 4–2。

表 4-2　店招策略制定步骤

步骤	设计要点
明确网店策略	首先明确网店的经营策略，是侧重品牌，还是侧重销售，或是侧重资讯。选好策略是设计店招至关重要的第一步
明确品类定位	此步骤主要是根据所售商品的品类和店铺自身具备的特点来定位
明确风格定位	此步骤主要是根据经营商品的品牌或者商品的特点，以及经营理念和风格来定位
明确元素	此步骤主要是确定店招以哪种形式展现，包括中文、英文、图形、吉祥物、广告语、图形等
明确字体	此步骤主要是确定店招设计用到的字体
明确色调	此步骤主要是确定店招的饱和度、明度、色相等

三、店招的设计展示

店招设计通常包含店铺名称、标识、广告语，以及与店铺收藏、促销、商品折扣等相关信息，如图 4–18 所示。其中，店铺名称和标识是主要元素。通常，各店铺都会重点展示其名称和标识，以便更直观地传达给消费者，塑造店铺形象。

图 4-18　店招

店铺的店招一般有两种尺寸：一是常规店招，其尺寸设置为 950 像素 ×120 像素；二是通栏店招，其尺寸设置为 950 像素 ×150 像素。常规店招和通栏店招的区别在于：常规店招在上传到店铺首页后，两侧显示空白；通栏店招在上传到店铺首页后，会根据设计的结果进行显示。

店招的格式一般分为 3 类，分别是 JPG、PNG 和 GIF。其中，GIF 格式是动态店招。

在设计店招时，需要谨慎考虑其与整个店铺风格和颜色的搭配，以确保整体视觉效果的一致性和协调性。同时，必须明确目标顾客群体，以便根据他们的心理需求进行设计。这样的设计方法能够提高效率，并使效果更为突出。简洁、大方的店招是店铺装修成功的关键之一。作为消费者进入店铺后首先注意到的模块——店招，是打造店铺品牌、让消费者快速记住店铺的重要平台。因此，必须对店招的设计给予足够的重视，以便为顾客提供良好的第一印象。

知识拓展

JPG、PNG 和 GIF 图像格式的使用

JPG、PNG 和 GIF 都是常见的图像格式，各自的使用特点如下。

1. JPG

JPG 格式适合存储照片类图片，它可以实现较高的压缩比例，从而压缩图片文件大小。但是，压缩的同时也会丢失部分细节和质量，因此不适合于需要精细的图片编辑任务。

2. PNG

PNG 格式适合图形和图标等透明背景的图片，它可以保持图像质量的同时实现良好的压缩率，并支持 alpha 通道透明，能更好地在网页上呈现。

3. GIF

GIF 格式适合动态图片，它可以实现逐帧动画播放，通常用于网页上的小动画、表情包等。GIF 格式的文件体积相对较小，但是对于颜色和图像质量的表现力有所限制。

任务四　商品主图设计

主图即发布商品时放在第一位置，在商品发布以后，买家在搜索结果列表中看到的那张图片，如图 4–19 所示。

图 4-19　商品主图示例

当买家在跨境电商平台有意愿购买某商品时，先要输入该商品的关键词，然后筛选，最后决定在某家店购买。尽管影响买家做出购买行为的因素很多，但一致的前提是，买家必然通过搜索关键词先看到商品主图，被吸引进店后才有可能购买，所以商品主图和标题的好坏是店铺经营成功与否的关键。

一、商品主图基础知识

商品主图的作用是展示商品的款式、颜色、品牌等。其特点是在跨境电商平台首页脱颖而出，迅速刺激眼球，突出差异化，增加点击率。

1. 主图的规格

主图的规格见表 4–3。

表 4-3　主图的规格

类目	规格
拍摄	建议自己实拍图片以发布商品（不包括杂志图片、官方网站图片及宣传图）
尺寸	大部分跨境平台都要求主图尺寸在 860 像素 ×800 像素以上，自动拥有放大镜功能
数量	5 张，第 1 张称为首图，剩余 4 张称为附图
大小	小于 500 k，支持 JPG、JPEG、PNG、GIF 格式

2. 主图的规范

（1）图片在中间位置，占据主导。

（2）主图背景尽量以白底或浅色为主。

（3）文案或标签不允许大面积覆盖或遮盖主图本身。

3. 主图的构图方法与设计思路

（1）主图的构图方法

主图的构图方法包括直线式构图、三角形构图、对角线构图、扇形构图和框架式构图，如图 4–20 所示。

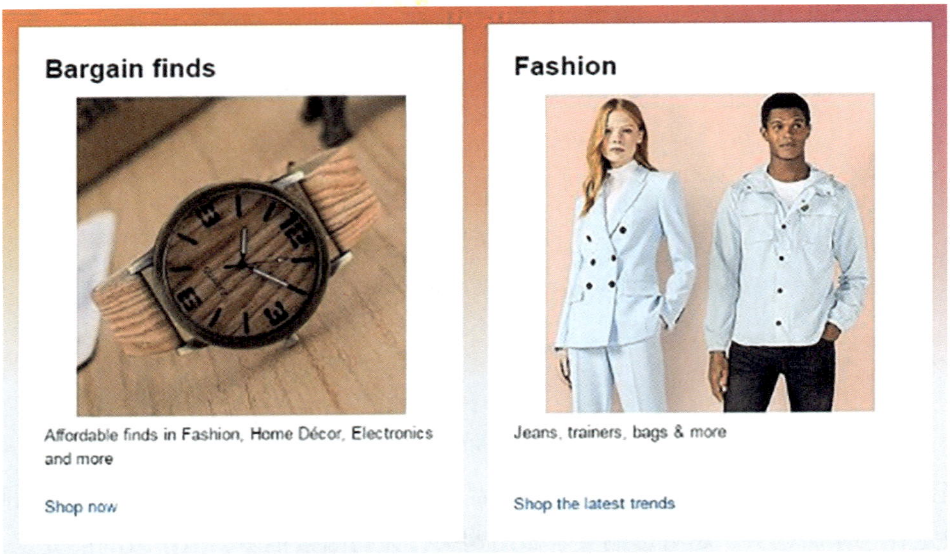

图 4-20　主图的构图方法示例

（2）主图的设计思路

主图的设计思路见表 4–4。

表 4-4　主图的设计思路

设计思路	作用
主体突出	点击率的第一标准
图片清晰	点击率的基本前提
优选素材	点击率的基本要素
视觉冲击	点击率的必备条件
商品诉求	点击率的高效助推器
卖点突出	点击率的有力保证
环境差异	点击率的强力催化剂
近景呈现	点击率的优先手段

二、商品主图的设计方法

1. 实物展示型主图

实物展示型主图乃是实物场景拍摄或者摄影棚拍摄，如图 4–21 所示。

2. 情景渲染型主图

情景渲染型主图是通过自然场景、对比场景、搭建场景、室内环境场景等来展现，如图 4–22 所示。

图 4-21 实物展示型主图

图 4-22 情景渲染型主图

3. 背景烘托型主图

背景烘托型主图是通过渐变（放射）背景、景物虚化背景、颜色背景、实景拍摄背景等来展现，如图 4–23 所示。

图 4-23 背景烘托型主图

三、不同跨境电商平台对主图的要求

1. 亚马逊

在亚马逊上传的每个商品都必须附上一张或者多张清晰直观、便于理解的商品图片。

商品图片要求能够准确展示商品、具有丰富的信息量、对客户有足够的吸引力。应该尽量多放置几张不同角度、不同细节的图片。图片是卖家向客户展示商品最直接、最有效的方式，所以图片的质量非常重要，卖家一定要重视。如果图片质量和标准没达到亚马逊的要求，那么平台有权不展示卖家上传的图片。目前，亚马逊平台对主图的尺寸要求是 1 000 像素 ×1 000 像素，其他要求如下：

（1）在大多数情况下，主图的背景必须是纯白色（亚马逊搜索和商品详情页的图片也是纯白的，纯白的 RGB 值是 255，255，255）。

（2）主图必须是商品的实际图，而不是插图，更不能是手绘图或漫画图。

（3）主图不能带 Logo 和水印，也最好不要有不在订单内的配件、道具等（商品本身的 Logo 是允许的）。

（4）主图中的商品最好占图片大约 85% 的空间。

（5）对于有变体的商品，父子商品都要有主图。

（6）商品必须在图片中清晰可见，需要显示整个商品，不能只有部分或多角度组合图。

（7）有些类目允许有模特，如内衣、袜子等，而且只能使用真人模特，不能使用服装店里的模型模特。模特必须是正面站立，不能是侧面、背面、多角度组合、坐姿等。主图模特身上不能有非售物品。有些类目主图不允许使用模特，如包、珠宝、鞋等。

（8）不能包含裸体信息。

（9）小部分家居装饰用品主图不强制使用纯白背景，如床上四件套、蚊帐、窗帘、沙发、墙挂画、灯等，这些商品主图可以用非纯白背景的情景图。

知识拓展

亚马逊和天猫主图规则比较

作为电商美工必须熟悉各平台对图片的具体规定，表 4-5 所示为亚马逊和天猫主图规则的比较。

表 4-5　亚马逊和天猫主图规则比较

平台	主图背景	主图图标	商品占比	主图视频
亚马逊	主图背景必须是纯白色	主图不能带图标和水印	商品占主图面积约 85% 的空间	针对成功完成品牌备案的第三方卖家开放
天猫	没有明确规定其背景必须为白色	图标放置在左上方，不得出现水印	商品占主图面积约 55% 的空间	成为展示商品、优化排名不可或缺的部分

2. 全球速卖通

（1）建议背景颜色为白色或纯色，图片尺寸为 800 像素 ×800 像素及以上，图片的水平和垂直比例在 1 ： 1 ～ 1 ： 133603 之间。

（2）图片不需要边框和水印，不允许拼图。

（3）Logo 被均匀地放置在图片的左上角。

知识拓展

淘宝、天猫、全球速卖通图片尺寸参考

不同的电商平台对图片的要求有所不同，同为阿里巴巴旗下的淘宝、天猫、全球速卖通对图片尺寸的要求也略有区别。如表 4–6 所示，无论是 PC 端详情页、主图和店招，尺寸要求均有所不同。而且，这些规则会不断更新与调整，作为电商美工要持续关注不同电商平台的规则。

表 4-6　淘宝、天猫、全球速卖通的图片参考尺寸

平台	PC 详情页尺寸 / 像素	主图尺寸 / 像素	店招尺寸 / 像素
淘宝	宽度 750，高度不限	800 × 800 以上	950 × 120，全屏店招宽度 1 920
天猫	宽度 790，高度不限	800 × 800 以上	990 × 120，全屏店招宽度 1 920
全球速卖通	宽度 960，高度不限	800 × 800 以上	1 200 ×（100 ～ 150），高度建议不超过 150

3. 敦煌网

（1）提供商品的清晰的、有细节的、真实的图片，尽量避免出现大面积文字遮盖商品细节的情况，以保证没有误解。

（2）上传的图片为 JPG 格式。

（3）为节省相册空间容量，上传的图片文件应小于 2 M。

（4）图片尺寸为 250 像素 ×250 像素及以上。

4. Shopee

（1）主图清晰明确，光线明亮，无多余元素干扰买家视线。

（2）明确买家最关注的点，直击要害，不要带入主观思想。

（3）所放的商品主图与关键词、商品描述要保持一致，不可偏离商品本身。

（4）主图要有自己的亮点，如何从众多类似的商品主图中脱颖而出，让买家眼前一亮，是 Shopee 卖家需要思考的。

（5）商品主图不可直接复制其他卖家的。直接复制其他卖家的图片很可能造成侵权，一旦店铺被举报或被系统发现，店铺将被平台处罚。

5. Lazada

Lazada 对不同类目下的商品主图有不同的要求，下面介绍几个重点类目的主图要求。

（1）时尚类商品

时尚类商品主图的要求见表 4-7。

表 4-7 时尚类商品主图的要求

类别	要求
背景	建议图片长宽比例为 1 ∶ 1，此时可使用非纯白背景 / 生活场景。其他比例图片只可使用纯白背景
折叠衣物	不允许，必须清晰展示商品的正面图
衣物	在模特展示商品时，应确保所售商品是图像焦点，且商品占据超过 80% 的画面

（2）电子商品

电子商品主图的要求见表 4-8。

表 4-8 电子商品主图的要求

类别	要求
常规	图片不应出现人物
非全貌商品	只要商品主体（有线 USB 接口和耳机插头）清晰可见，可以接受非全貌图像。主商品可以和附属商品一同展示，但附属商品必须为全貌图像

（3）运动和户外商品

运动和户外商品主图的要求见表 4-9。

表 4-9 运动和户外商品主图的要求

类别	要求
运动鞋和服装	建议图片长宽比例为 1 ∶ 1，可以使用非纯白背景或者生活场景。其他比例图片只可使用纯白背景
图片包含人物	运动和户外商品允许图片包含人物

（4）家居生活商品

家居生活商品主图的要求见表 4-10。

表 4-10 家居生活商品主图的要求

类别	要求
背景	建议图片长宽比例为 1 ∶ 1，图片可以使用非白底 / 生活图片，其他比例图片只可以使用白色底
辅助场景	如果商品有辅助场景，出售的主商品必须占辅助场景至少 50% 的面积
床品	图片中的床品可以是非全貌（仅限缺失商品 1/4 以内）
宠物商品	图片可包含真实动物来展示商品，宠物食物可以仅展示商品包装
罐装油漆商品	首图可以只展示油漆颜色

（5）手表、珠宝和太阳镜

手表、珠宝和太阳镜主图的要求见表 4–11。

表 4-11　手表、珠宝和太阳镜主图的要求

类别	要求
背景	建议图片长宽比例为 1 ∶ 1，图片可以使用非纯白背景 / 生活场景，其他比例图片只可以使用纯白背景
手表、珠宝、太阳镜	只要主设计清晰展示，图片中的商品可以不是全貌
人物	该类目下所有商品图片不能包含人物

任务五　商品详情页设计

一般情况下，顾客从搜索页进入店铺时打开的就是商品详情页，它是顾客购买商品时必须打开的页面。可以说，商品详情页的优劣是决定顾客是否购买的关键因素，因而商品详情页的设计是至关重要的，不能忽视。

一、商品详情页的作用

商品详情页通常担负着比首页更大的转化率责任，它要经受客户的反复对比和推敲，是决定客户能否对商品产生信任感的关键。

1. 引发兴趣

当顾客点击进入商品详情页之后，如何引发其兴趣是关键。引起顾客兴趣的可以是商品的热销盛况、商品的升级与更新等。

2. 激发潜在需求

顾客开始对商品产生兴趣并不能说明什么，还需要进一步激发他们的潜在需求。激发顾客的潜在需求可以通过商品功能介绍、商品特点介绍等来实现。

3. 帮客户做决定

对于一些犹豫不决、迟迟不肯下单的顾客，可以发挥主动权，帮助其做决定。可以通过以下宣传方法实现，见表 4–12。

表 4-12　帮客户做决定的宣传方法

宣传方法	作用
品牌介绍	通过展现品牌实力来增加顾客的信任，提高客单价
购买号召	通过营造一些紧张的氛围来促成顾客现在、立刻、马上就购买，如“数量有限”“库存紧张”“欲购从速”等措辞
购物须知	告诉顾客一些与购物相关的信息，包括如何发货、如何退换货以及有哪些售后服务等

二、商品详情页的设计流程

商品详情页的设计流程如下。

1. 确定风格

根据店铺活动、商品特色、节假日来确定。

2. 收集素材

平时养成收集素材的习惯，以免寻找时浪费大量的时间和精力。平时遇到好的图片就保存下来，作为寻找灵感时的参考。

3. 页面布局

合理地安排页面布局。

4. 确定配色

选择合适的配色方案，尽量避免深色系。

5. 排版设计

用 Photoshop 进行排版。

6. 上传完成

在商品发布页面上传。

提示

跨境电商商品详情页的设计需要考虑到目标国家或地区的用户，使商品详情页可提供多语言支持，确保信息准确易懂，并避免翻译错误导致误解。

知识拓展

产品图片常见问题及建议

虽然各跨境平台对上传的产品图做了较详细的规定，但还是有很多卖家没有关注平台规则，导致上传的产品图不规范进而影响流量。下面是几个常见问题及建议。

1. 产品图片常见问题

（1）背景不是白色或纯色

为了能够突出产品，绝大多数跨境电商平台的产品主图都要求是白色或纯色的背景，如果上传的产品图片不符合要求，将会影响产品的搜索和排名。

（2）产品分辨率不够高

最长边小于 800 像素的主图图像将不会启用放大功能，这将影响买家仔细查看产品的细节。

（3）图片中加入拍摄道具

图片中应避免加入拍摄道具，以免让买家误以为该道具也包含在商品内进行销售。

（4）使用合成图夸大产品尺寸

合成的照片不要过度夸大了产品的尺寸，误导买家，以免造成买家收货后的纠纷。

（5）其他问题

过度夸大产品功能也会带来不必要的纠纷。有一些平台明确规定不能使用拼图，但有些卖家还是在主图中进行拼图设计，从而影响产品的流量和转化。

2. 产品图片优化建议

（1）产品图片简单明了

上传产品前首先要明确平台对图片的具体要求，例如一共需要几张图片、是否需要白底图，同时要注意搜索引擎的抓取规则。产品图片要尽量简单明了、干净利落，带有边框、文本或其他装饰将不利于搜索引擎对图片的抓取。

（2）注意图片格式及大小

上传图片时，在满足平台要求的情况下，要尽可能上传高清图片，同时合理选择图片格式。最常用的图片格式为 JPEG，GIF 格式适用于动画、缩略图和色彩单一的图片。建议跨境卖家尽量选用 JPEG 格式的图片，因为 JPEG 图像压缩效果较好，且肉眼看不出与其他格式的画质区别。

（3）正确命名图片文件

除了考虑图片内容的优化，也要学会合理命名图片文件。在图片的文件名中适当添加一些产品信息，有助于搜索引擎快速检索。

（4）注意图片版权

跨境电商平台更加注重知识产权、版权和肖像权的保护，未经正规授权，绝对不能私自盗用。同时卖家要注意对原始图片信息的保存，有效避免日后被其他卖家恶意投诉。

案例导入

全球速卖通平台详情页图片设计

全球速卖通平台 PC 端详情页的图片建议宽度不超过 750 像素、高度不超过 800 像素，宽度或高度超过限制会被系统等比压缩。图片可以是 JPG 或 PNG 格式，每张图片不超过 3 M。

产品详情页图片数量以 12 张为宜，这些图片可参考如下陈列方式。

（1）1 张实物图：带有品牌标识的实拍图片。

（2）2 张产品细节图：对产品材质、制作工艺、设计亮点等信息的展现。

（3）3 张场景图：主要对该款产品的风格和特点进行展示说明。

（4）1 ～ 2 张功能图：体现产品的使用特性和基础功能。

（5）1 ～ 2 张商品外观展示图：体现不同款式或颜色的对比。

（6）1 张宣传图：可以体现卖家品牌或公司实力，也可以体现产品性价比。

（7）1 张差异图：体现产品与其他同类产品的差异化优势，优秀的差异图可提高订单的转化率。

详情页中，排在前三位的应是一些直观、清晰，能激发起买家购买欲望的产品图片，如图 4–24 所示；第 4、5 张图片可以用来展示产品的实用性功能，扩大买家购物的选择性，如图 4–25 所示；第 6、7 张可以展示不同款式的产品信息；第 8、9 张可展示产品细节，让顾客更深入地了解产品功能；借助第 10 张的差异图可以增强卖家自身的产品优势；第 11、12 张的实物图可提高产品的可信度，减少产品纠纷。

图 4-24　全球速卖通的详情页设计

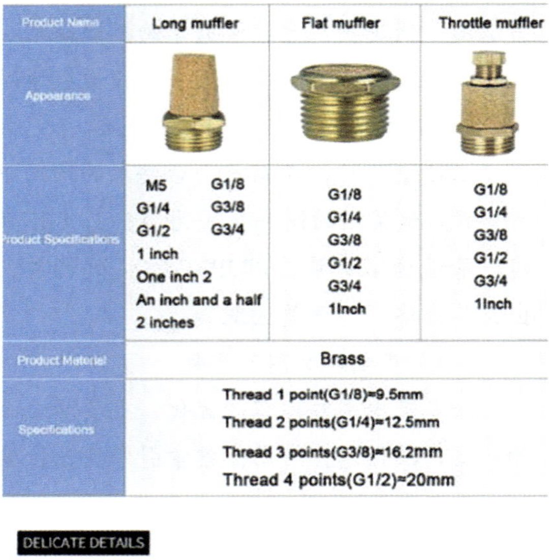

图 4-25　全球速卖通的详情页设计

课后实践

学习完本项目的内容后，认真完成表 4–13 的实践清单。

表 4-13　实践清单

设计新品上架首焦轮播区	
实践任务	为某经营日用品的全球速卖通店铺设计新品上架首焦轮播区，需要设计简要的上新内容说明，确保活动广告图的色彩大气、富有独特风格，能够烘托出狂欢气氛
实践目标	通过设计新品上架首焦轮播区，吸引用户的注意力，突出产品特点，创造狂欢气氛，提高网店浏览量和购买转化率

续表

设计新品上架首焦轮播区	
实践步骤	（1）选择几款最新上架的日用品作为主要内容，且产品应当是具有较高品质、热门需求的商品； （2）使用具有独特风格的设计元素，并结合品牌色彩体系，设计活动广告图，在广告图中突出产品的特点，并配以简要的说明文字，激发用户的兴趣； （3）在网店首页或特定页面的顶部创建一个轮播区域，用于展示新品上架的广告图，并确保轮播区的位置显眼，易于用户浏览； （4）根据实践要求，设置轮播频率和变化方式，可以考虑在一定时间间隔内循环轮播广告图，或者根据用户的交互动作实时调整展示内容； （5）在实际运营之前进行视觉测试，确保色彩搭配大气、能烘托出狂欢气氛，并根据测试结果进行调整，优化设计效果
实践提示	（1）建议使用 Photoshop 进行设计； （2）突出产品特点和优势，文字说明简洁明了，能够快速吸引用户并引起购买兴趣； （3）在设计中加入抖音独特的风格元素，如流行的视觉效果、有趣的插画或标签等，以增加品牌的个性化和识别度； （4）轮播区的变化要有一定的动感和切换效果，既能吸引用户眼球，又不过于烦琐，以保持用户对广告图的关注度
实践总结	

实践评价

完成以上实践清单后，认真完成表 4–14 的实践评价。

表 4-14　实践评价

评价内容	分值	得分
参与实践的积极性、主动性	25	
独立思考能力	25	
创新能力	25	
对首焦轮播区设计技巧的掌握程度	25	
教师点评：		

项目小结

跨境电商页面设计主要包括首焦轮播区、商品陈列区、店招、商品主图、商品详情页等方面的设计。

首焦轮播区设计要通过合理布局和图片处理，打造吸引眼球的焦点区域，展示店铺形象和主打产品，提升用户体验。

商品陈列区设计要根据产品类型和卖点，合理布局商品陈列区，突出重点商品，提高商品曝光率。

店招设计要简洁、易读，能够直观地展示店铺名称、主营品类等信息，提升品牌形象。

商品主图设计要使用高质量图片，突出商品特点，提高商品的视觉吸引力，增加点击率。

商品详情页设计要提供详细的产品信息、规格、价格等，同时优化交互设计，提高转化率。

在实施过程中，需要综合考虑目标用户群体、产品特点、市场趋势等因素，不断优化设计，提高用户体验和转化率。

思考练习

1. **首焦轮播区的作用有哪些?**
2. **商品陈列区的作用有哪些?**
3. **商品详情页的设计流程有哪些?**

项目五

视频美工设计制作

项目导读

视频美工设计是指针对视频内容进行视觉设计和后期制作，包括剪辑、特效、音效、色彩调整等方面。设计人员需要了解视频内容，根据需求进行创意设计，运用各种视觉元素和特效，提升视频的观赏性和传播效果。制作人员需要掌握相关软件以进行剪辑、特效制作和音效处理，最终完成高质量的视频作品。

学习目标

知识目标

（1）了解视频拍摄的前期准备工作。

（2）了解视频拍摄的构图方法。

技能目标

（1）掌握摄影设备和拍摄器材的基本操作和使用技巧。

（2）学会运用构图和角度选择来创造吸引人的画面。

（3）掌握跨境电商不同产品的视频拍摄技巧。

素质目标

（1）培养学生的观察力和创造力，使其能捕捉到独特和有趣的画面。

（2）发展学生的团队合作和沟通能力，使其能与团队成员有效协作完成项目。

（3）培养学生的应变能力，使其能应对在拍摄过程中可能出现的挑战和困难。

思政目标

（1）增强学生的道德和伦理意识，确保其制作的视频内容符合社会主义核心价值观和国家的法律法规。

（2）强化学生的国家意识和社会责任感，使其将视频制作用于传递正能量。

（3）培养学生的批判思维和创新能力，使其挖掘出新颖的和有影响力的视觉表达方式。

任务一　视频拍摄准备

在跨境电商领域，视频展示逐渐成为热潮，其凭借独特的魅力，迅速吸引了消费者的注意力，同时可有效传递商品详情和使用方法。鉴于各大跨境电商平台对主图视频、商品详情页视频等功能的广泛支持，卖家们已开始将视频制作纳入其网店装修的重要环节。

尽管部分商家投入大量推广成本以获取高展现量，但其产品点击率和转化率仍不尽人意。这背后一个可能的原因在于美工设计的不足。优秀的美工设计能够直接刺激用户的视觉感官，激发他们对产品的兴趣与购买欲望。

电商视频的美工设计不容忽视，其不仅是内容的重要组成部分，也是每位商家需要认真对待的关键环节。在接下来的内容中，我们将从多个角度深入剖析优质电商视频美工设计的基本要素。

一、拍摄团队组建

要想拍摄出爆款视频，拍摄团队的组建不容忽视。为完成一个专业水平的视频，拍摄团队需要以下成员。

1. 导演

导演是统领全局的角色，主要对视频的主要风格、内容方向以及内容的策划和脚本把关。另外，在拍摄和剪辑环节也需要导演的参与。

2. 摄像师

摄像师是非常重要的，优秀的摄像师是视频成功的关键，因为视频的表现力及意境都是通过镜头语言来表现的。一个优秀的摄像师能通过镜头完成导演分配的拍摄任务，并给剪辑留下好的原始素材，节约大量的制作成本，完美地完成拍摄任务。

3. 剪辑师

剪辑师是视频后期制作中不可缺少的重要职位。一般情况下，在视频拍摄完成后，剪辑师需要对拍摄的素材进行选择与组合，舍弃一些不必要的素材，保留精华部分，还会利用一些视频剪辑软件为视频配乐、配音以及添加特效等。后期制作可以将杂乱无章的片段进行有机组合，形成一个完整的作品，这些工作都需要剪辑师来完成。

4. 演员

演员需要根据视频的主题选择符合视频情节的人物形象，具备表现人物特点的能力。很多时候，团队成员也可以扮演演员的角色。

5. 其他人员

其他人员如灯光师、录音师等，具体根据团队情况来设置。另外从经济角度考虑，团队成员还可以身兼数职。

二、拍摄设备准备

拍摄视频常用的设备主要包括拍摄设备、稳定设备、补光设备、录音设备及其他设备等。

1. 拍摄设备

目前，常用的视频拍摄设备有智能手机、微单相机、运动相机及航拍无人机等。在选择拍摄设备时，拍摄者可以根据设备功能或要拍摄的视频题材进行选择。

（1）智能手机

当前市面上各大品牌的智能手机已经完全可以满足视频拍摄的一般需求。随着智能手机摄像头技术的发展，手机摄像头已经从原来的单摄发展为双摄、三摄、四摄，甚至五摄，手机的拍摄功能变得越来越强大。一般情况下，多摄手机可以直接点击不同的焦段进行切换，如图 5–1 所示。

（2）相机

拍摄视频的相机分辨率要高，要有良好的防抖性及比较好的对焦系统和实时追焦的功能。此外，还要考虑的因素有翻转屏、麦克风接口、LOG 模式、升格拍摄、相机的重量等。相机分为单反相机和微单相机（也叫无反相机）两类，拍视频常用的为微单相机等，如图 5–2 所示。

图 5-1　多摄像头手机

图 5-2　索尼 Alpha7 Ⅲ

（3）运动相机

随着人们对视频拍摄需求的不断提高，各种相机产品也在不断地改进与创新。在动态拍摄的需求下，运动相机也应运而生，如图 5–3 所示。运动相机是一种便携式的小型防尘、防震、防水相机，拍摄出来的画面视野更广。运动相机的配件很丰富，如自行车支架、遥控手表、头盔底座等，其解决了很多在户外场景中无法正常拍摄的问题。

（4）航拍无人机

航拍无人机主要用于从高空俯拍一些广阔的场景，带来了全新的拍摄视角和拍摄方式，让人们从一个新的角度来了解周围的世界，如图 5-4 所示。一般航拍无人机都拥有环绕拍摄、跟随拍摄、自动平滑飞行等多种拍摄模式。

图 5-3　运动相机

图 5-4　航拍无人机

2. 稳定设备

画面稳定是视频拍摄的基本要求，在拍摄视频时，常用的稳定设备主要有三脚架、手持稳定器、滑轨等。

（1）三脚架

三脚架由可伸缩的支架和云台等组成，它可以完成一些诸如推拉升降镜头的动作，从而提升视频质量，帮助拍摄者更好地完成拍摄任务，如图 5-5 所示。

市面上除了常规的伸缩型三脚架外，还有许多颇具创意的便携型支架，如八爪鱼三脚架小巧轻便，便于携带，具有可以随意弯曲的支架腿，可以缠绕在物体上进行拍摄，如图 5-6 所示。

图 5-5　三脚架

图 5-6　八爪鱼三脚架

（2）手持稳定器

使用三脚架可以保持相机静止时的稳定，但在拍摄动态视频时，就要用到手持稳定器了。目前，手持稳定器主要有手机稳定器和相机稳定器两种，如图 5-7 和图 5-8 所示。手持稳定器能够向手机或相机的抖动方向进行反向运动，从而保持相对静止和稳定。

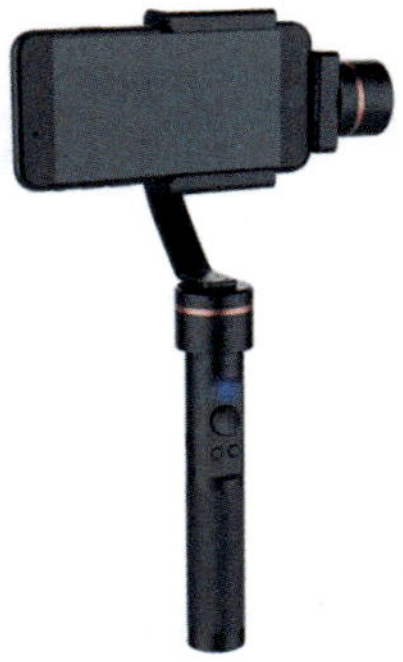

图 5-7 手机稳定器

图 5-8 相机稳定器

手持稳定器不仅能防止手抖导致的画面抖动，还具有精准的目标跟踪拍摄功能，能够跟踪锁定人脸及其他拍摄目标，让动态画面的每一个镜头都流畅、清晰。另外，手持稳定器还支持运动延时、全景拍摄和延时拍摄等，能够满足拍摄者对视频拍摄的较高需求。

（3）滑轨

使用滑轨可以拍摄出左右或前后移动的运镜效果，如图 5–9 所示。滑轨分为两种，分别是手动滑轨和电动滑轨。使用滑轨可以让拍摄者拍摄出匀速、稳定的运镜效果。与手持稳定器比，滑轨更加精确可控，可以轻松地拍摄出各种高质量的运镜镜头，如倾斜竖拍、跟焦拍摄、滑动变焦、延时摄影等。

图 5-9 滑轨

滑轨常常与三脚架配合使用，常用的滑轨拍摄方式包括平移、推拉、倾斜旋转、俯拍、升降、模拟摇臂等。

3. 补光设备

光线对画面的质量有着非常重要的影响，在良好的光线条件下拍摄出来的画面质量一般都比较好，但当环境光或自然光不能满足拍摄需求时，就需要使用补光设备。如图 5–10 所示，拍摄视频常用的补光灯为 LED 补光灯，它属于长明灯，其亮度稳定，一些高端 LED 补光灯还可以实现稳定的可调色温，可以用于人像、静物拍摄或微距拍摄。

如图 5–11 所示，反光板是利用光的反射来对被摄主体进行补光，它非常轻便且补光效果较好，在室外可以起到辅助照明的作用，有时也可以作为主光源。光线在反光板平面上产生漫反射，让光线被柔化并扩散到一个更大的区域，可以营造出与扩散光源类似的效果，让画面更加饱满、有质感。

图 5-10　LED 补光灯

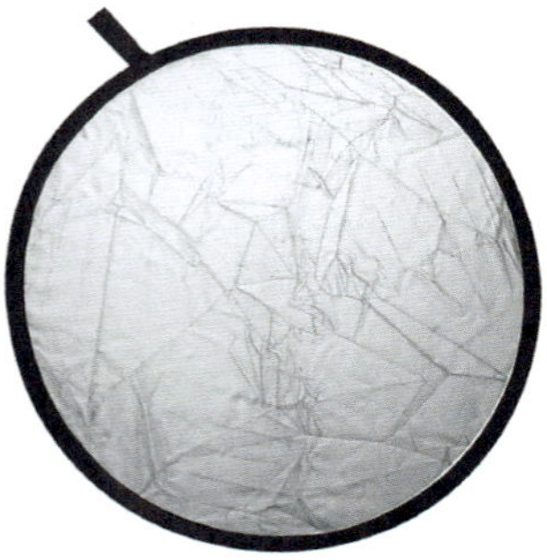

图 5-11　反光板

4. 录音设备

在拍摄视频时，要想提高收音质量，就要用到录音设备。目前常用的录音设备主要有指向性麦克风和无线领夹腰包式麦克风。指向性麦克风只会收录麦克风所指方向的声音，这样会在一定程度上削弱环境音的影响，从而提高人声的收音质量。

无线领夹腰包式麦克风是基于 2.4G 无线传输技术或者蓝牙 5.0，加上 AI 智能降噪设计，可以实现低延迟、高质量传输的效果，一般在 20 米以内可以稳定连接，一般包括一个领夹麦克风发射器与一个无线接收器，外形小巧，携带方便，如图 5–12 所示。

无线领夹话筒自带降噪芯片，能够有效识别原声，在嘈杂的环境中也能清晰地进行录音，同时支持耳返监听，可以帮助拍摄人员边拍摄视频边听，可以实时调整，能够更好地呈现原声录音效果。

图 5-12　“小蜜蜂”无线领夹腰包式麦克风

5. 其他设备

除了以上设备外，视频拍摄常用的设备还包括摇臂、监视器、“相机兔笼”、绿色背景布等。

（1）摇臂

摇臂用于实现较大场景的摇镜头运镜，体现前景、被摄主体和背景的空间关系，让画面更加生动，富有视觉冲击力，如图 5–13 所示。

图 5-13　摇臂

（2）监视器

监视器除了能提升画面的监看效果外，还具有斑马线、波形图、直方图、矢量图等曝光辅助功能，如图 5–14 所示。

（3）“相机兔笼”

“相机兔笼”用于解决相机的扩展问题。例如，在拍摄时增加提手、侧把手、监视器、话筒、“小蜜蜂”等常用设备，如图 5–15 所示。

（4）绿色背景布

绿色背景布用于拍摄特效时的抠像，足不出户就可以置身于各种各样的场景中，如图 5–16 所示。

图 5-14　监视器

图 5-15　“相机兔笼”

图 5-16　绿色背景布

三、拍摄环境的选择

1. 拍摄环境的重要性

环境是影响电商视频表现效果的重要因素，与内容契合度高的环境更容易提升视频内容的可信度，增强观者的代入感。例如，拍摄环境与口播内容的契合度非常高，则可以从侧面进一步佐证内容的真实性，提高内容的可信度。

例如，将服装展示模特放在一个具体的逛街场景中进行拍摄，这样更容易让用户代入自己在这个场景中使用该产品时的效果。

尤其是通过视频来呈现产品的使用过程和功能时，我们可以选择实际的生活场景或应用场景进行拍摄，而不只是干巴巴地口述这些信息。如果商家所卖的产品具有一定的功能性，则建议务必将这个产品的使用场景和环境匹配好，调性尽量一致，从而让用户产生更好的代入感。

总的来说，一个恰当的环境是可以为内容赋能的。因此，大家在制作视频内容的时候，可以利用身边现有的环境资源，如办公室、厨房、实体店或工厂等，为自己的内容赋能，让视频具有更强的带货能力。

2. 拍摄场地的准备步骤

（1）确定场景需求

根据视频的内容和故事确定需要的场景类型，例如室内、室外、特定建筑物等。

（2）寻找合适的场地

根据场景需求，在现实生活中寻找合适的场地，可以是公共场所、家庭住所、租赁场地等。确保场地符合故事需求、拍摄要求和法律规定。

（3）联系场地所有者或管理者

如果需要使用私人或特定场所，与场地所有者或管理者联系，获得许可并了解可能的限制和费用。

（4）检查场地条件

在实际拍摄前，到场地进行实地考察。检查拍摄区域的光照、背景、道具布置等因素，确保满足拍摄需要。

（5）准备道具和装饰

根据视频的需求准备相应的道具和装饰物，以便营造出期望的场景氛围。

（6）考虑音频环境

除了视觉场景，还要考虑音频环境。防止出现可能会影响音频质量的噪声或回声问题。

（7）安排时间和计划

根据场地和团队的时间可用性制订拍摄计划，确保充足的拍摄时间，以免影响作品质量。

（8）处理许可和保险

根据需要处理场地使用许可和必要的保险事宜，确保拍摄过程的安全性和合法性。

知识拓展

场地选择注意事项

选择合适的拍摄场地需要注意以下几点。

1. 挑选适合视频主题风格的拍摄场地

根据不同的拍摄需求，除了考虑所选拍摄场地的实际情况是否适合拍摄外，还需要考虑拍摄场地是否与视频的主题风格一致。挑选的拍摄场地既要和拍摄需求相契合，也要具备合适的光线条件以及一些有特点的场景，这样可以有效避免在拍摄过程中的资源浪费。

2. 拍摄场地现场布置

拍摄视频时不仅要选择好拍摄场地，更重要的是对拍摄场地的现场布置。现场布置是拍摄视频和应对突发情况的前提条件，能确保拍摄工作正常进行。现场氛围与拍摄主题统一，可以帮助没有太多拍摄经验的新人演员快速入戏，取得良好的拍摄效果，从而提高拍摄效率，节省成本。

3. 慎重选景

拍摄视频时，选景一定要足够慎重，避免因场景选择不当而影响视频的质量，或者因突发情况而导致拍摄中止，造成不可估量的损失。

任务二　视频的构图与拍摄

电商视频要想获得好的观赏效果，就需要利用各种构图和拍摄技巧，以保证视频画面的清晰度和美观度。一个电商视频的内容拍得再好，如果画面不够清晰和美观，也会使视频的质量大打折扣，从而影响产品的转化效果。

一、构图技巧

构图是指通过安排各种物体和元素，呈现一个主次关系分明的画面效果。拍摄视频时，摄影师通常需要对画面中的主体进行恰当的摆放，使画面看上去更有冲击力和美感，这就是构图的作用。

因此，在拍摄电商视频的过程中，我们也需要对拍摄主体进行适当构图。遵循构图原则，才能让拍摄的视频更加富有艺术感和美感，更具吸引力。

1. 构图基本原则

很多新手商家在拍摄电商视频时，经常会忽略构图的重要性，最终导致画面的整体结构不够和谐、统一。好的构图不仅能让视频画面的布局看起来更协调，还可以十分巧妙地突出画面中的主体对象。

构图能够创造画面造型，表现节奏与韵律，是视频作品美学空间性的直接体现，有着丰富的表现力，传达给观众的不仅是一种认识信息，同时也是一种审美情趣。在视频拍摄构图过程中，需要遵循一定的原则，这样才能拍摄出优秀的视频作品。

（1）美学原则

视频画面的构图要遵循美学原则，要具备形式上的美感，具体见表 5–1。

表 5-1　视频画面的构图原则

序号	构图原则
1	被摄主体不应居中，要注意黄金分割，还要注意画面的平衡
2	天地连接线不应一分为二地分割画面
3	形成视频影调的色调布光不要平分画面
4	画面中的被摄主体不应过分孤单
5	被摄主体和陪体应该主次分明
6	人或物的连续线不应一字排开，应该高低起伏、层次分明、错落有致
7	人或物之间的距离不应均等，应当有疏有密

续表

序号	构图原则
8	水平线及景物的连天线不应歪斜不稳
9	人物不要全部正面出现，应与镜头形成一定的角度
10	重视画面中的“线条”，它可以让画面富有动感和韵律感

（2）均衡原则

均衡是获得优质构图的一个重要原则。无论是在大自然、建筑还是在绘画作品中，均衡的结构都能在视觉上产生形式美感。要判断画面是否均衡，可以将画面分为四等份，形成一个田字格，在田字格的 4 个格子里有相应的元素，而元素之间形成了均衡感。

需要注意的是，不要以为均衡就是对称。对称的画面常常给人以沉闷感，而均衡不会在视觉上引起人们的不适。要想让视频构图达到均衡，就要让画面中的形状、颜色和明暗区域相互补充与呼应。

（3）变化原则

前面所讲的构图原则主要是针对视频中的单个画面而言的，那么对于由许多画面组成的整个视频的构图，则需要遵循变化原则。视频不是照片，观众不能容忍一部构图没有任何变化的视频作品，而变化也正是视频的主要特征与魅力所在。因此，在视频构图中，除了构图所表现的内容变化以外，构图形式的变化也是不可忽视的。

（4）主题服务原则

在视频作品中，画面构图无疑是其诸多表现形式中的一种形式，而视频的主题与情节才是起到决定性作用的内容。形式必须为内容服务，视频构图也必须为视频的主题服务。因此，在进行视频构图时，应遵循主题服务原则，需要制作者考虑 3 个方面，见表 5–2。

表 5-2　制作者要考虑的 3 个方面

序号	考虑的 3 个方面
1	为了表现被摄主体，要采用合适、舒服、具有形式美感的构图方法
2	为了突出表现被摄主体，有时甚至可以破坏画面构图的美感，使用不规则的构图
3	若某个构图优美的画面与整个视频作品的主题风格不符，甚至妨碍了主题思想的表达，可以考虑将其剪掉

（5）简化背景

背景只是背景，让背景喧宾夺主的视频势必是失败的作品，所以，背景要尽量简洁，起到烘托和陪衬主体的作用。如果场景受限、背景难以简化，可以考虑用大光圈虚化背景或是改变焦距，也可以转换拍摄角度，从而改变取景范围。

（6）清理边缘

在构图前需要先取景，也就是想好让什么样的画面出现在取景器中，然后才思考怎样构图可以让画面更和谐。清理边缘就是清理画面边缘中琐碎的东西，避免分散观者注意力或给观者以杂乱、不适的视觉感受。

2. 构图画幅的选择

画幅是影响视频构图取景的关键因素，商家在构图前要先确定好视频的画幅。画幅是指视频的取景画框样式，通常包括竖画幅、横画幅和方画幅 3 种。

竖画幅就是垂直持握手机或相机进行拍摄，拍出来的视频画面拥有更强的立体感，比较适合拍摄具有线条感、高大及前后对比等特点的产品视频，如图 5–17 所示。

横画幅就是水平持握手机或相机进行拍摄，然后通过取景器横向取景。因为人眼的水平视角比垂直视角更大一些，所以采用横画幅拍摄的视频在大多数情况下会给用户一种自然舒适的视觉感受，同时可以让视频画面的还原度更高，如图 5–18 所示。

图 5-17 竖画幅示例

图 5-18 横画幅示例

方画幅的画面比例为 1 ∶ 1，能够缩小视频画面的观看空间，这样用户无须移动视线即可观看全部画面，从而更容易抓住视频中的主体对象，如图 5–19 所示。

图 5-19 方画幅示例

提示

要用手机拍出方画幅的视频画面，通常要借助一些专业的视频拍摄软件，如美颜相机、小影、轻颜相机及无他相机等 App。

3. 常用构图方式

对于电商视频来说，好的构图是整个画面效果的基础，再加上光影的表现、环境的搭配和产品本身构图方式等，可以使视频大放异彩。电商视频的一些常用构图方式见表 5–3。

表 5-3　电商视频的一些常用构图方式

构图方式	概念
中心构图	中心构图是指将视频主体置于画面正中间进行取景，最大的优点在于主体突出、明确，而且画面可以达到上下左右平衡的效果，用户的视线会自然而然地集中到产品主体上
三分线构图	三分线构图是指将画面用两横或两竖的线条分割成三等份，将主体放在某一条三分线上，让主体更突出、画面更美观
对角线构图	对角线构图是指画面中的主体或陪体形成了一种对角线效果，让画面更加活泼且富有动感，牵引着人的视线，还可以产生一种代入感
三角构图	三角构图主要是指画面中有 3 个视觉中心，或者用 3 个点来安排景物，从而构成一个三角形，这样拍摄出的画面会极具稳定性。三角构图包括正三角形（画面坚强、踏实）、斜三角形（画面安定、均衡、具有灵活性）和倒三角形（画面明快、有紧张感、有张力）等不同形式。三角构图一定要自然，让构图和视频融为一体，而不是刻意为之
散点式构图	散点式构图是指将一定数量的产品重复散落在画面中，使其看上去错落有致、疏密有度，而且疏中存密、密中见疏，从而产生丰富、宏观的视觉效果

4. 拍摄常用角度

拍摄电商视频时，商家还需要掌握各种镜头角度，如平角、斜角、仰角和俯角等，运用不同视角可以更好地展现产品的特色，见表 5–4。

表 5-4　拍摄角度及其拍摄特点

拍摄角度	拍摄特点
平角	镜头与拍摄主体保持水平方向上的一致，镜头光轴与对象（中心点）齐高，能够更客观地展现拍摄对象的原貌
斜角	拍摄时将镜头倾斜一定的角度，从而产生一定的透视变形的画面失调感，能够让视频画面显得更加立体
仰角	采用低机位仰视的拍摄角度，能够让拍摄对象显得更加高大，同时可以让视频画面更有代入感
俯角	采用高机位俯视的拍摄角度，可以让拍摄对象看上去更小，同时能够充分展示主体的全貌

知识拓展

高级构图技巧

好的构图可以让电商视频的拍摄事半功倍。构图的技巧有很多，即使是同款产品也可以在构图上产生差异化，从而让产品在众多同类产品中更亮眼。以下为一些电商视频的高级构图技巧。

1. 构图的核心是突出主体

构图就是安排镜头下各个画面元素的一种技巧，通过将模特、产品、文案等进行合理安排和布局，从而更好地展现商家要表达的主题，或者使画面看上去更加美观、更有艺术感。

主体就是拍摄视频时的主要对象（如模特或产品），是主要强调的对象，主题也应该围绕主体来展开。通过构图这种比较简单有效的方法，可以达到突出视频画面主体、吸引用户视线的目的。

2. 选择适合的陪体、前景和背景

很多非常优秀的电商视频中都有明确的主体，这个主体就是主题中心，而陪体就是在视频画面中起到烘托主体作用的元素。陪体对主体的作用非常大，不仅可以丰富画面，还可以更好地展示和衬托主体，让主体更有美感，对主体起到解释说明的作用。

环境和陪体非常类似，在视频画面中环境主要对主体起到解释说明的作用。环境包括前景和背景两种形式，可以加强用户对视频的理解，让主题更加清晰明确。

前景主要是指位于被摄主体前方或者靠近镜头的景物。背景通常是指位于主体对象背后的景物，可以让主体的存在更加和谐、自然，同时还可以对主体所处的环境、位置、时间等做一定的说明，更好地突出主体，营造画面氛围。

3. 用特写构图表现产品的局部细节

每个产品都有自己独特的质感和表面细节，如果视频中能成功地表现出这种质感和细节，则可以极大地增强画面的吸引力。

我们可以换位思考一下，将自己当作用户，在买自己需要的物品时，肯定会在详情页面反复浏览，查看产品的细节，与同类型的产品进行对比。由此可见，产品细节是决定用户下单的重要驱动力，我们必须将产品的每个细节都拍摄清楚，打消用户的疑虑。

当然，不排除有很多不在意细节的用户，他们也许不会仔细看产品的细节特点，只是简单地看一下价格和基本功能，觉得合适就马上下单。对于这些用户，我们可以将产品最重要的特点和功能在视频中展现出来，让用户快速看到产品的这些优势，促进成交。

二、不同产品的视频拍摄技巧

在传统电商时代，用户通常只能通过图文信息来了解产品的详情，而如今视频已经成了产品的主要展示形式，因此，商家在上架产品之前，首先要拍一些好看的视频素材。下面主要介绍不同产品的视频拍摄技巧，帮助大家轻松拍出能引爆产品销量的电商视频。

1. 拍摄外观型产品的技巧

拍摄外观型产品时，重点在于展现产品的外在造型、图案、颜色、结构、大小等外观特点，建议拍摄思路为“整体→局部→特写→特点→整体”。

例如，拍摄笔记本的主图视频时，可以先拍摄笔记本的整体外观，然后拍摄笔记本的局部细节和特写镜头，接着拍摄笔记本的各种功能特点，最后从不同角度再次展现笔记本的整体外观。

在拍摄外观型产品时，若涉及模特出镜，我们建议增加一些关于产品使用场景的镜头。这样不仅可以更生动地展示产品的效果，而且能增强观众对产品的直观感受。需要强调的是，这些场景镜头的核心仍然是产品本身，只不过我们将其置于特定的环境中。为了确保拍摄效果的最佳，摄影师和商家在前期应充分沟通，并根据产品的特性选择合适的场景。

2. 拍摄功能型产品的技巧

功能型产品通常具有一种或多种功能，能够解决人们生活中遇到的难题。因此拍摄功能型产品电商视频时，应将重点放在对产品功能和特点的展示上，建议拍摄思路为“整体外观→局部细节→核心功能→使用场景”。

例如，拍摄加湿器的主图视频时，可以先拍摄加湿器的整体外观，如图 5–20 所示，然后拍摄加湿器的局部细节和材质，接着通过多个分镜头来演示加湿器的各种核心功能，并拍摄加湿器的使用场景，如图 5–21 所示。

图 5-20　加湿器的整体外观

图 5-21　加湿器的使用场景

如果拍摄功能型产品时有模特出镜，同样可以添加一些产品的使用场景。另外，对于有条件的商家，可以通过自建美工团队或外包形式来制作 3D 动画类的电商视频，这样可以更加直观地展示产品的功能。

提示

在当今社会，随着各类产品的持续优化，其功能愈发丰富多样。电商平台上的视频展示方式，能直观地展现产品的多种功能和使用方法，其说服力远胜于文字和图片。此外，视频展示使产品更具有亲和力，尤其适合家居生活及厨房家电等各类产品。

3. 拍摄综合型产品的技巧

综合型产品是指集外观和功能特色于一体的产品。拍摄这类产品时需要兼顾两者的特点，既要拍摄产品的外观细节，同时也要拍摄产品的功能特点，还需要贴合产品的使用场景来充分展示其使用效果。

如果是生活中经常用到的产品，则最好选择生活场景作为拍摄环境，这样更容易引起用户的共鸣。例如，电子表就是一种典型的综合型产品，拍摄电商视频时，不仅外观非常重要，丰富的功能也是吸引用户的一大卖点。

图 5-22 所示为电子表的主图视频，不仅有大量的外观展示镜头用于吸引用户的眼球，还全方位地展现了电子表的功能特点，可以增强用户下单的决心。

图 5-22　电子表的主图视频

4. 拍摄美食类产品的技巧

美食类产品涉及的品类非常多，不同的美食拥有不同的外观和颜色，因此拍摄方法也不尽相同。水果与蔬菜等食材是比较容易上手的美食类产品，可以通过巧妙布局画面的构图、光影和色彩来展现食材的质感。

例如，拍摄水果的重点在于表现水果的新鲜和味道的甜美，可以直接拍摄水果的采摘过程或试吃体验，如图 5-23 所示。

扫一扫

美食拍摄技巧

图 5-23　水果视频

拍摄面点等类型的美食时，可以添加一些陪体装饰物，让主体显得不那么单调。另外，我们还可以拍摄制作面点美食的过程，用升格镜头的方式记录制作美食的瞬间，这样也能拍出美食大片。

拍摄菜肴时，我们常常会将食材作为主角，但桌布、餐垫、餐具等元素也值得一拍。这些元素不仅可以帮助我们更好地进行构图，同时还可以营造出画面的氛围感，让拍摄的美食视频更能吸引用户的注意力。

5. 拍摄模特类视频的技巧

拍摄模特类视频时，一定要注意引导模特摆出适合的姿势、做出适合的动作，如微笑、眼神交流、撩动秀发等。当然，也有很多模特在拍视频时放不开，有的是对自己的长相不自信，有的是不愿意露脸，有的是觉得自己的“侧颜”比较好看，此时我们可以拍摄模特的侧面。

在室内或摄影棚内拍摄模特的全景画面时，需要尽可能地选择空间广阔些的环境。这样不仅方便模特摆各种姿势，同时也可以让摄影师更好地进行构图取景。另外，还需要保持拍摄环境的整洁，将各种装饰物品摆放在合理的位置，从而对人物主体起到更好的衬托作用。

拍有故事感的模特类视频时，需要用画面来讲述故事和感染用户。此时，画面必须有一个明确的主题，同时拍摄场景也需要连贯，而且人物的情绪和服装配饰都要准确恰当。

提示

在模特类视频中，主体人物是画面的“灵魂”，场景和服饰则是“躯壳”。没有场景的画面通常会显得很空洞，尤其是在室外拍摄模特类视频时，场景的主要作用是衬托人物。因此主要原则就是“尽量化繁为简”，即背景要尽可能地简单、干净，不能喧宾夺主。

6. 电商视频的拍摄禁忌

电商视频的作用是将实际的产品展现在用户面前，很多商家对这一点的认识还不够，白白浪费了视频这么好的引流工具。下面介绍拍摄电商视频的禁忌，大家一定要注意这些细节，否则拍出的视频只能成为一种摆设。

（1）背景拒绝脏、乱、差

产品必须是视频展示的重要主体，而且为了凸显产品，整个视频画面务必做到干净、整洁，背景不能乱七八糟。因为视频背景中的各种杂物都会分散用户的注意力，很难成功地展示产品。

拍摄一些小物件时，可以使用纯色的布作为背景。这样不仅背景简单、干净，而且能够更好地突出产品的外观细节，让用户觉得产品的品质有保障。

（2）模特行为要合理

商家在拍摄电商视频时，除了要展现产品的卖点外，还要注意用户观看视频的感受。任何在视频中出现的元素都有可能影响用户的观看体验，如视频中模特行为的合理性，千万不要因为这些细节问题而引起用户的反感。

例如，服装类和鞋包类电商视频，通常会采用模特试穿试用的形式进行拍摄，但很多是直接采取模特快速切换姿势拍照的方式拍摄的。这样做不仅无法完整展示出真实的使用场景，而且会引起用户的反感和怀疑。

另外，很多商家直接将站外推广视频搬过来使用，这样用户看后很可能会怀疑产品的真实性。商家一定要注意电商视频中的这些小细节，做好视频后期检查，对于不合理的地方要及时进行优化，以提升用户的观看体验。

（3）注重视频开端

使用软件剪辑电商视频时，视频开头会带上软件的片头、广告或水印，而且持续的时间比较长，这会大大降低用户的观看欲望。碰到这种情况时，商家可以更换为电脑自带的剪辑软件，再进行一些简单操作，去掉片头。

大部分观众看视频都不会看完，通常只看前面几秒钟。电商视频的前几秒如果连产品都没有出现，那么用户可能会直接说“拜拜”了，毕竟他们的时间都是有限的。

一个电商视频的前 5 秒通常就会让用户决定是否继续看下去，由此可见，视频开头非常重要。我们要尽快让视频中出现产品主体，以抓住用户的眼球，提高完播率。

知识拓展

拍摄注意事项

随着视频的流行，各大电商平台的产品介绍越来越倾向于用视频来呈现，而且视频的转化率比纯图片高。不过，电商视频不是随便拍拍就行的，以下为一些拍摄过程中的注意事项。

1. 拍摄场景必须与产品搭配

很多时候，用户在看到电商视频时，会将视频中的人物想象成自己，并且想象自己用着视频中的产品会是一种怎样的感受。因此，电商视频的拍摄场景非常重要。合适的场景可以让用户产生身临其境的画面感，从而刺激用户的下单欲望。除了选择合适的场景外，还需要让模特与场景互动起来，从而让产品完全融入场景，这样拍出来的效果会更具有吸引力。

如果拍摄职业装这种比较庄重的服装产品，应尽量选择办公室等室内场景，或者在非常“白领化”的场景中进行拍摄。不同的产品有不同的场景需求，将产品放到不搭调的场景中拍摄，用户看着就会觉得很别扭，而且无法将产品代入这个情景中。

2. 选好背景以增强产品的氛围感

电商视频的拍摄背景要整洁，可以根据视频内容对镜头内的场景进行布置，尽可能地营造出用户使用产品时的氛围感。

3. 拍摄现场的光线一定要充足

拍摄电商视频时，环境中的光线一定要充足，这样才能更好地展现产品。

如果拍摄现场的光线较暗，则建议使用补光灯对产品进行补光，同时注意不要使用闪烁的光源。

4. 展现产品价值和用户体验

拍摄电商视频之前，商家要先确定自己的拍摄构思，即用什么方式拍摄才能让产品更好地呈现在用户眼前。商家可以从两个方面构思：一是通过剧本场景或小故事的方式进行拍摄；二是对于品牌产品，商家可以在视频中加入一些品牌特性。

当然，不管商家如何构思，在电商视频中都需要展现出产品的价值和用户体验，而且需要贴近用户的日常生活，让他们产生看得见和摸得着的感觉，这就是最直接的拍摄技巧之一。

5. 产品的展示顺序要合理

对于电商视频中的产品展示，建议大家拍摄 5 组镜头，顺序为“正面→侧面→细节→功能→场景”。

案例导入

商品主图视频制作

某全球速卖通店铺需要制作一个儿童漫画新书介绍的主图视频，以下是使用手机拍摄制作此商品主图视频的详情。

1. 拍摄准备

（1）准备拍摄工具

准备一部画质好的手机或相机，如图 5-24 所示，确保其可以拍摄高清视频。

（2）确定拍摄场景和布局

选择拍摄场景，如图 5-25 所示。

图 5-24　多摄像头手机

图 5-25　选择拍摄的场景

（3）视频主题

准备视频主题，例如：简介、评分、书摘等。

（4）拍摄角度和镜头选择

根据要呈现的场景和主题，选择拍摄的角度和镜头，比如介绍书籍的内容，可以选择镜头对准书籍封面，将封面展现在用户面前，同时声音介绍书籍内容。另外，也可以选择室内或室外的其他环境来呈现书籍和场景的关联性。

（5）拍摄构思和策划

关注视频的故事性、情感性和趣味性。在拍摄前，要先构思故事情节，思考如何用最具吸引力的方式呈现书籍特色。通过创意和策划，提高视频时长内的吸引力，让用户能够完整看一遍。

2．拍摄步骤

（1）用三脚架或手持手机稳定器稳定摄影机器，保证摄影过程的稳定性，如图 5–26 所示。

（2）调整手机或相机的角度和方向，使其适配选择的拍摄角度。

（3）点击录像键开始录盘，录制儿童使用该书的场景，如图 5–27 所示。

图 5-26　稳定摄影机器

图 5-27　录制儿童使用该书的场景

（4）注意控制拍摄时间和书籍内容的剪辑，将其高效地呈现在视频中，让视频短小而精，不要过于冗长和烦琐。

3．后期制作和编辑

（1）编辑和优化视频，加入音乐、特效和字幕等元素，使视频更加生动、优美，对目标市场营销有效。

（2）添加营销词汇等信息，如图 5–28 所示。

图 5-28　添加营销词汇

4．上线推广

视频制作完成后，将其上传至对应商城或自己的社交媒体平台，通过相关的渠道宣传推广，让更多的目标群体看到和购买到这本书。

5．操作提示

在拍摄前，进行充分的场景策划和构思。同时，要保持设备的稳定，注意拍摄距离和光线条件。在后期的编辑过程中要让视频显得生动，具有吸引力，徽标以及必要的营销信息要准确地展示出来，以提高视频对目标市场的转化率。

任务三　视觉风格与内容设计

视觉美化是视频电商美工设计中常用的一种方式，它不仅能够帮助商家设计出个性化的视频画面效果、营造出强烈的消费氛围、促进用户下单、提升产品的销量，还能为商家打造品牌、塑造自身形象。

一、账号的视觉风格包装

商家或达人如果要做电商视频，首先要对自己的视频账号进行包装设计，打造出个性化的视觉风格。这样才能更好地吸引用户的关注，并且获得用户的信任，让用户认为发布视频的人确实是某行业的专家。这样一来，所发布的电商视频才会得到一批忠实用户的支持，流量和转化率自然都不会太低。

1. 人设打造

对于视频来说，不管是普通视频还是电商视频，打造人设都是做视频账号的第一步。那么，为什么要打造人设呢？首先大家可以思考这样一个问题：在视频平台上，大家最喜欢看哪些视频，或者说最容易受到哪些人的影响？对于这个问题，可能每个人的答案都不一样。

对于很多人来说，当他们去了解一个自己不感兴趣的产品时，通常会将品牌作为第一选择依据，其次就是视频中出现的人。如果这个人能够帮助用户快速了解产品或相关的"避雷"知识，那么这个人的专业性同样会让用户感到信服，这就是人设在电商视频中的重要性。

视频平台上，人设主要是通过账号的主页、头图、头像、名称、简介、内容题材和直播风格等来体现的。对于电商视频来说，通常可以分为表 5–5 所示的几种人设。

表 5-5　电商视频人设类型及优势与存在的问题

类型	优势与存在的问题
实体店商家	其优势在于有门店、产品款式多、迭代更新快，能够给人带来极强的真实感；问题在于库存较少、批发为主、拿货价格略高
工厂商家	其优势在于自有工厂和仓库、价格较低、品类多、质量有保障；问题在于如何拍好视频，以及让用户相信自己是工厂商家
品牌店商家	其优势在于品牌信赖感强、产品结构齐全、性价比高、质量有保障；问题在于需要商家高度统一自己的店铺形象和品牌形象
带货达人	其优势在于拥有丰富的短视频拍摄和直播带货经验，同时人设信赖感极强；问题在于如何将自己的人设与产品进行结合，做出让用户更容易接受的带货内容

2. 主页定位

主页相当于视频账号的门面，也可以看作实体店的门面。如果主页整体做得比较好，即可给用户留下不错的印象。

3. 头图设计

头图是指视频账号个人主页最上方的图片，是主页中面积最大的广告宣传位，因此要充分利用头图这个位置。头图上可以放置门店实景图、人物照片、关注引导图、品牌 Logo 或产品图片等。

4. 头像设计

视频账号的头像可以体现出人物性格或产品调性，通常可以采用几种图片类型作为头像，见表 5–6。

表 5-6　可作为头像的图片类型及效果

图片类型	效果
采用人设照作为头像	可以让人有一种亲切感
采用动漫图片作为头像	可以给人带来比较可爱的感觉
采用产品图片作为头像	可以让人一眼知晓账号是卖什么产品的
采用品牌 Logo 图片作为头像	可以让人一眼就看出账号是官方账号或品牌授权店账号

品牌 Logo 的美感与吸引力，同样决定了品牌给用户的第一印象。一个有吸引力的品牌 Logo，可以让用户更愿意深入了解相应账号的内容。很多品牌 Logo 采用简单的文字来

设计，如选取品牌名称中的文字，如图 5-29 所示，并根据品牌特性对字体的笔画与整体骨架重新进行调整设计，从而产生视觉差异化。而且用户对品牌文字通常比较敏感，因此可以降低用户的认知成本，增强品牌的曝光度，其优点和缺点见表 5-7 所示。商家还可以在品牌 Logo 中加入一些风格化的设计，如极简风、手绘风、拼接风、渐变风和摄影风等。

图 5-29　伊利的品牌 Logo

表 5-7　文字风格品牌 Logo 的优点和缺点

类别	分析
优点	具有非常强的辨识度，用户一眼就能看出品牌的特性
	帮助用户快速从短视频列表中找到相应的品牌账号
	Logo 中包含特征性的字体，可以更好地传达品牌信息
缺点	提取准确的 Logo 文字非常难，通常只能在品牌名称中包含特定含义的文字时，这些文字才能展现出品牌特性
	一旦提取的文字有误，则不能与其他同类型账号产生差异化，这样会大大降低用户对该品牌的认知能力

5. 名称设计

好的视频账号名称通常能够给用户带来眼前一亮的感觉。名称设计的常用模板见表 5-8。

表 5-8　名称设计的常用模板

模板	举例
好记的昵称 + 行业，职业属性	如“雅怡服饰”
产品 / 品牌 + 旗舰店	如“× × 品牌旗舰店”
地域 + 产品类目	如“上海 × × 服装”
门店名称	如“时尚之美服装店”

注意，名称中不要使用毫无意义或难以理解的英文、字符或数字等，否则不仅难记，而且会错过很多宣传曝光的机会。在给电商视频账号取名时，注意以下事项。

（1）不要让人产生误会

名称千万不要夸大宣传，而且个人账号不可用官方名称命名。如果没有得到官方的授权，切不可在名称中带上相关标识。

（2）不能含有联系方式

名称中不能包含电话号码、电子邮箱、网址、二维码、QQ 号及微信号等联系信息。

（3）规避政治敏感问题

政治敏感问题包括但不限于国家领导人姓名、政党名称及党政机关名称等。

总之，电商视频的账号名称需要有特点，而且最好和账号定位相关，基本原则如表 5-9 所示。

表 5-9　电商视频的账号名称设置基本原则

原则	分析
好记忆	名称不能太长，否则用户不容易记忆，通常 3~5 个字即可。取一个具有辨识度的名字可以让用户更好地记住
好理解	账号名称可以跟自己的领域相关，或者能够体现身份价值，同时注意避免生僻字，通俗易懂的名字更容易被大家接受
好传播	账号名称还要有一定的意义，并且易于传播，能够给人留下深刻的印象，有助于提高短视频账号的曝光度

6. 简介编写

电商视频的账号简介通常采用“品牌介绍 + 从业经验 + 利益价值 + 直播预告”的编写模板。例如，“从业经验”可以写“资深实体店经营”“源头工厂”“品牌创始人”“创业达人”等，“利益价值”则可以写“物美价廉”“省去中间商赚差价”“跟我们学 × ×”“品牌好货”等。

电商视频的账号简介以简单明了为主，主要原则是“描述账号 + 引导关注”，基本设置技巧如下。

（1）前半句描述账号的特点或功能，后半句引导关注。

（2）明确告诉用户当前账号的领域或范畴。

（3）商家可以在简介中巧妙地推荐带货直播间或主推产品。

7. Logo 设计

视频 Logo 一般包含名称和主体图形，首先，视频的名称一定要与内容紧密结合。其次，视频图形符号的设计，通常的做法是在 Logo 中加入超级符号。比如苏宁易购直播间的 Logo，如图 5-30 所示，采用黑白黄三色的狮子形象做图标，亲和可爱的形象更能吸引年轻化、个性化的消费群体。

图 5-30　苏宁易购直播间的 Logo

除此之外，在制作视频 Logo 时还要注意以下两点。

（1）色彩搭配

具体选择什么色彩，要根据视频的内容来定，比如，崇尚简约、注重生活品质的账号就不宜选择太多花里胡哨的颜色，而是可以直接运用白底黑字的纯色系；而给人明亮、积极向上感觉的账号就可以采用如橙色来表现快乐的主题。

（2）风格简洁

视频的 Logo 切记不能过于花哨，应该尽量保持简洁的设计风格，这样会给人一种轻松的观看体验，也更容易让用户记住。

8. 片头设计

好的片头是好内容的开端。好片头的基本要求是与节目包装的风格相协调，与节目分类、定位的风格相呼应。比如，母婴类视频的片头要体现爱和温馨，时尚类视频要给人一种时尚感、前卫感等。

短视频相比于长视频来说，不只是时间短，更重要的是为用户带来更多干货、有趣的内容。因此，片头可以选择用快节奏的画面切换，而且有些用户群体对快节奏的内容更加喜爱。

片头最简单的功能是对 Logo 的强化，因此最简单的方法就是根据 Logo 做一个简单的 Flash 动画。而在时间把控方面，一般不超过 5 秒，因为视频本身时长就短，如果片头太长，不仅会给人头重脚轻的感觉，而且还很容易让观众走神。

9. 内容设计

包装完片头之后就该对视频内容进行包装了，包装的目的是让整个视频更加美观和具有吸引力。要想在内容包装上形成自己独特的风格，就要注重色彩的搭配。比如，造物集这个品牌的产品就使用了明亮、日式小清新风格，不管是画面色调还是画面中的内容都给人一种素雅、安静的感觉，如图 5-31 所示。而且造物集的每一个产品都沿用了这种风格，不仅形成了自己独特的标签，还提高了品牌的辨识度，加深了用户的印象。

图 5-31 造物集的日式风格

10. 片尾设计

片尾的基本要求是简短，不抢夺内容的关注点。通常情况下，可以在片尾添加一些 Flash 动画，与片头形成呼应。但要注意的是，为了让观众感到舒适，不要放置过多的信息，避免造成混乱。重要的部分可以使用强调色系，以快速吸引观众的眼球并加深印象。如果想提高视频的完整播放率，可以在用户能够接受的范围内添加互动或导流点。特别是抽奖环节，很受大家的喜爱，可以通过抽奖来增加互动。一般有两种做法，一种是在片头发布抽奖信息，片尾公布中奖名单；另一种则相反。而如果在其他平台上也有该视频的相关内容，则可以把这些平台的图标放到片尾，比如微信、微博、bilibili 等，作为导流点。

二、产品视觉化设计技巧

产品视觉化设计技巧是在设计和展示产品时，使用各种视觉元素和原则以传达信息、吸引注意力和提升用户体验的方法。产品视觉化技巧具体如下。

1. 定位视觉效果

视觉效果定位对电商视频而言，是吸引特定消费人群时需要重点考虑的问题。比如在传统的零售业中，用户会根据店铺的视觉设计来决定是否进行购物。

有的商家主要为了凸显品牌和质量，在视觉设计上偏重于品牌的传播；而有的商家则为了促进产品的销售，大力吸引流量，会以薄利多销的策略来进行视觉设计。面对不同类型的商家，需要进行不同的视觉设计，以达到精准营销的目的。下面主要介绍营销型视觉定位和品牌型视觉定位的方法。

（1）营销型视觉定位

商家所做的一切都是为了提高产品的销售，因此会在视觉效果的设计上大做促销、优惠的文章，具体的做法如下。

① 突出优惠

将具体的优惠力度通过数字等视频字幕形式表现出来。此外，在字体的颜色、大小上做文章。

② 营造氛围

视频中努力营造促销和优惠的氛围，如重点突出活动，运用色彩、字体等打造视觉效果。

③ 引起围观

视频中用色彩对比、字体加粗等方法引起用户的关注，打造产品被众人围观的爆款效应。

（2）品牌型视觉定位

既然是主打品牌，那么在视觉效果上就应该重点凸显品牌优势，具体的做法如下。

① 突出价值

弱化价格的视觉效果，如用比较淡的颜色、小字体等，然后重点突出产品的特色，转移用户的注意力。

② 简约设计

视觉设计要大气、简单，与线下品牌尽量保持一致，突出店铺的客户服务、产品质量和库存数量等优势。

③ 弱化促销

就算有促销活动，也不宜大张声势，以免过大的促销力度或者过低的价格让用户对品牌产生不信任感。

用户在购物之前，都会对电商视频的视觉设计有一个大体的印象。因此商家要先规划好视频的运营模式和大致方向，然后对视频的视觉效果进行定位，从而打造出较好的视觉效果。

提示

有的商家并没有对自己是营销型还是品牌型进行准确的界定，这时商家就需要根据自己的情况对电商视频的视觉效果进行定位。例如，将产品优势放在显眼的位置上，然后展示促销信息；也可以把促销活动的优惠力度放在视频的最前面，然后介绍具体的活动内容。

2. 优化结构布局

电商视频的结构设计好比建一栋房子，在打好基础的同时还要对其进行合理的布局。有些电商视频的结构层次分明，介绍的产品卖点也井然有序，用户一眼就能找到自己需要的产品；而有些电商视频的结构则非常杂乱，不仅没有层次，还有可能重复展示某些产品信息。如果刷到这两种视频，你会选择看哪个视频，并在其中进行购物呢？答案是显而易见的，任何人都喜欢排列一目了然的信息，轻松又不费时。由此可见，电商视频结构的合理设计有多么重要。

电商视频的结构布局就好比购物场所的构造，都是为了给用户提供舒适、方便的消费环境，让他们从消费中获得愉悦的感受。

对于视频电商美工来说，视觉效果的好坏，决定了用户是否留下。商家要想在短短的十几秒内吸引用户的注意力，就要利用视觉设计传达出有效的信息，让用户不至于因感到乏味而跳过你的视频。

3. 文案视觉化设计

设计电商视频中的文案时，不但要明确主题，还要在视觉表达上突出主题，让用户快速接收视频要传达的信息。一般广告突出的主题都是围绕营销展开的，因而少不了各种优惠促销等信息，商家在设计时应重点突出这些要素。

在突出主题的时候，文案设计还要注意一些事项，不然只会造成混乱的视觉效果，具体如下。

（1）内容要大于形式，不拘一格。

（2）细节不可过多，要专注于整体的设计。

（3）主次分明，要将轻重缓急分清楚。

策划电商视频的文案内容时，创作重点主要是以店铺和产品为中心。例如，店铺在推出新品时，文案需要以新品的卖点为主，如果没有卖点就打造卖点，从而让视频能够吸引用户的注意力。

商家可以从视频和文案的视觉效果方面进行优化，使其能够快速抓住用户的心理需求，吸引他们点击购物车和促进其下单。同时，文案中要尽量将产品的所有卖点和优势都凸显出来。图 5–32 为加湿器的主图视频，用户购买加湿器的一般需求就是易操作、静音，同时质量有保障，该视频中的文案就是紧扣这两点需求来策划的。

（a）

（b）

图 5-32　加湿器的主图视频

文案设计的主要作用是让店铺和产品的亮点凸显出来，不同类型的文案都是为了提升产品销量而设计的。因此，如何在第一时间吸引到用户，让用户心甘情愿地下单，是商家设计文案时需要重点思考的问题。

电商视频的文案相当重要，只有踩中用户痛点的文案才能吸引他们下单。商家可以多参考小红书等平台中的同款产品，找一些与自己所销售的产品特点相匹配的文案，这样能够有效提升文案创作的效率。

4. 注重细节

视觉营销对于视频电商美工来说，就是视频的展示效果设计，这是给用户的第一印象。只有将视频内容做好，才能给用户留下好的印象。以下是一些视频电商美工的细节设计技巧。

（1）陈列信息的布局

当人们面临太多选择时通常都会难以抉择，从而造成疲于选择的后果。杂乱的信息分布，以及没有条理的产品摆放，都会让用户难以分辨产品的重点信息，从而失去点击和购买产品的欲望。

一般而言，陈列信息的视觉布局如果能给用户呈现一种清晰、明确、舒适的视觉感受，则会对电商视频的点击率等数据产生潜在影响。

（2）重点信息的突出

用户在刷视频时，停留在一个视频上的时间极短。当他们发现视频中提供的信息没有吸引力、缺乏观看价值时，就会快速跳过该视频。根据这一心理，商家必须在用户短暂停留的时间内，将具有吸引力的视觉信息传送给他们。

要做到这一点，就要求商家在进行视觉设计时，将营销活动的重点信息放在视频中的显眼位置，从而在有效的视觉范围之内凸显重要的活动信息。

一般而言，视频是有界限的，而画面中内容所处的位置代表了它的地位。重要的信息常常被放在显眼的位置，而次要的信息则被放在角落。因此，在进行视觉设计时，要尽量将重要的信息放在视频中间，将想让用户一次性看完的信息放在一起，避免分开。

（3）视频场景的代入

用户在刷视频时，常常会不自觉地被与自身高度契合的视觉内容吸引。这种情况的出现其实就是用户把自己代入了视觉化的场景中，特别是当画面场景与用户心理高度契合的时候，营销效果就会更加显著。因此，商家在进行视觉设计时，应先找准目标用户，然后对产品进行准确的定位，最后根据定位和用户来进行设计。

在视频电商美工的视觉设计中，场景的代入需要利用用户的感性心理，让他们在看到视频后就能产生情感共鸣，从而对产品产生好感。要做到这一点，就需要商家在设计视觉效果时把握好场景和产品的契合度，尽量选择恰当的场景，继而从视觉效果中传达出自己的品牌理念及产品特色。

（4）凡事至简的设计

凡事至简其实是很难做到的，而简洁对于打造视觉营销效果而言也是重要的原则之一。实际上，用户都比较喜欢简洁而且看着不费力的视觉效果，这样能够更加快速地获取他们想要的信息。

（5）通感效应的利用

人不同感官的感觉，如视觉、嗅觉、听觉、味觉、触觉等，其实是可以通过联想的方式联系在一起的，而各种感觉相互渗透或挪移的心理现象就被称为“通感效应”。

商家在进行视觉设计时，可以利用通感效应来打造逼真的视觉效果。尤其是食物类的产品，如果将视觉效果打造得格外细腻、逼真，或者看起来让人垂涎欲滴，就能够达到营销的目的。图 5-33 所示为看起来十分

图 5-33　看起来十分美味的美食视频效果

美味的美食视频效果。

5. 提升视觉设计形式美感

“形式充满美感”这句话听起来比较笼统，但简洁、大气、美观等词语都适用于美感，使视频的视觉设计画面充满美感的方法如下。

（1）字体的选择

通常情况下，不同的字体会产生不一样的视觉效果，同时也会传递出不同重要程度的信息。除了字体的粗细外，还有不同字体的组合，都能使画面更为丰富，吸引用户的眼球。图 5-34 所示为一个围炉煮茶烧烤炉的视频，各种不同的字体碰撞、融合，在画面里展现出来，让主次信息非常分明。

图 5-34　围炉煮茶烧烤炉视频

（2）按钮和箭头的设计

许多电商视频中都会出现引导用户进行购物的按钮或箭头。这样做，一是为了方便用户直接进入购物页面；二是为了暗示，起到突出营销信息的作用。

（3）气氛的营造

利用视觉效果进行营销时，可以通过视频画面中的字眼来营造紧张的气氛，从而引起用户的注意，让他们主动进行购物。例如，商家可以在视频中添加“限时秒 500 份，赶紧冲”“还不赶紧带上你的亲朋好友来打卡”“无辣不欢的你可别错过啦”“188 限时折扣速抢”等文案。

6. 把握视觉逻辑关系

电商视频的视觉设计主要是针对产品的展示效果而言的，而这其中又涵盖了打造视觉效果的许多细节因素，如数据分析、逻辑顺序、产品描述、关联销售等。电商视频的视觉效果直接关系到产品的销量，而且会对品牌的传播造成影响，因此打造好的产品视觉至关重要。

商家在对产品视觉进行优化前，要厘清电商视频的视觉逻辑关系，不然只会造成描述混乱的现象。通常情况下，视频中产品的成交过程主要包括如下几个步骤。

（1）视觉化信息→引起用户的兴趣。

（2）产品细节介绍→激发用户的潜在消费需求。

（3）数据和使用场景展示→让用户信任产品。

（4）需求和痛点→用户从信任到想要购买产品。

（5）产品的优点→商家掌握主导权。

商家可以先通过优惠、赠送小礼品等视觉化信息引起用户的兴趣。接下来，商家可以用视频展示产品特色和相关卖点的细节内容，这一设计是为了让用户对产品形成信任感，从而激发其潜在的消费需求。展示产品的相关信息时，除了简单陈述外，最好能附上具体的数据和使用场景，这样更具有说服力。

要想打动用户，商家还要从用户的需求和痛点出发，了解他们为什么需要这款产品。针对这一点，商家可以在视频中介绍产品的优点，深度挖掘用户的痛点，进一步激发用户的购买欲望，让商家掌握整个交易的主导权。

提示

并非所有产品视频视觉设计的逻辑顺序都是一致的，而是需要根据产品的不同类型及时间点进行区分，这样才能达到视觉设计的较好效果。

7. 准确表达视觉信息

视觉营销过程归根结底是信息传递的过程，即利用效果较好的视觉表达方式向用户传递有关信息，引起用户关注，最终达到营销的目的。因此，在电商视频的视觉营销过程中，视觉信息表达要准确、到位，相关技巧如下。

（1）视觉时效性

时间在视觉营销中占据着举足轻重的地位，因为时间的把握对视觉效果的打造和推出时间的确定很重要。在这个信息爆炸的时代，视频中的信息不仅繁杂，而且发布、传播很快。要想引起用户的关注，就要抢占最佳时机，做到分秒必争。

（2）视觉利益性

要想利用视觉效果传递用户感兴趣的信息，首先要锁定用户的基本利益需求。一般而言，用户在刷视频时，如果看到了“赠送”“优惠”“免费”等字眼，就容易被激发利益心理，关注视频及视频中提到的产品和活动，从而提高视频的点击率。

（3）视觉信任感

基于在线购物的虚拟性，很多用户对产品及商家缺乏足够的信任感。因此用视频传达信息时，加入售后服务热线和退货服务等信息，能够让用户放心购物，提高产品的转化率。

在视觉营销的过程中，商家要为用户提供真实可信的产品信息及相关产品服务信息，从而增强用户对产品及商家的信任度，最终提高产品的销售额。另外，在视觉营销中加入最佳的服务信息，有利于增强用户对商家的好感，扩大品牌影响力。

（4）视觉认同感

传达视觉信息时，企业和商家可以利用大家喜爱的演员、歌手或名人来获得用户的认同、提升用户的好感度，从而使用户更多地关注产品的营销活动，最终提高产品销售量，达到视觉营销的目标。

（5）视觉价值感

视频要准确地传达信息，并且分配给每个镜头的具体任务要清楚，而做好这些工作的基础是要深度了解目标受众的取向和喜好，体现视觉信息的价值感。在视频中传达信息时，可以直接注明重要信息，并加上数字序号，以起到突出强调的作用。

（6）视觉细节感

在传递视觉信息时，商家要注重视觉细节准确、到位，这里的细节到位并不是说面面俱到，越详细越好。因为手机或电脑屏幕的范围有限，所以用户能够接受的信息也是有限的，如果一味地追求细节，就会陷入满屏的信息中，无法凸显重点。

提示

人是不可能看到所有细节的，因此视觉设计只要突出想要传达的信息即可。多余的细节只会造成视频画面的混乱，影响用户对重要信息的摄取，继而导致视觉营销效果变差。

8. 通过视觉设计提升转化效果

视觉设计作为电商视频的重要营销手段，需要商家不断推陈出新，根据热点来提升视觉营销的效果，进而提高产品的销量。以下为一些能够有效提升电商视频转化效果的视觉设计技巧。

（1）宣传文案要极具吸引力

电商视频中的广告是相当重要的一部分，它承载着提高转化率的主要责任。而将提炼出来的产品卖点通过视觉效果表现出来，则是美工较好的操作方法。

选择极具吸引力的宣传文案与视频进行组合，将有利于突出产品的卖点，增强产品的竞争优势。

（2）讲述产品卖点

将产品卖点视觉化的时候，商家可以选择一些新颖的宣传方式来突出产品的卖点，从而提高产品的转化率。例如，利用卡通形象或第一人称的方式来讲述产品卖点。

（3）增强用户信赖感

还有一种将产品卖点视觉化的方法，就是在展示产品的同时，把制作产品的原料也展示出来，让用户对产品的质量更加信赖。值得注意的是，制作原料不能简单地摆放在视频中，而是要在展示产品全貌的同时，将其原料作为画面的点缀元素或背景，这样不仅可以为用户带来强烈的视觉冲击力，还能进一步突出产品的特征，增强用户对产品的记忆，这也是卖点视觉化的技巧。

电商视频的视觉设计需要商家进行认真的考虑，不仅要简单罗列产品的卖点，还要将卖点融入视觉效果中，让用户从视频和文案中感受来自产品的双重冲击。

（4）吸引用户注意

在电商视频的美工设计中，主题方案与视觉设计是密不可分的，因为一般都是根据方案的主题来对视频进行视觉化设计的。这样做的途径有很多，可以利用的工具也很多，不同主题方案之间的区别不过是素材、颜色及对比等设计技巧的不同罢了。

提示

不少商家在运用视觉营销时，都无法精准地把握主题风格的设计。这样不仅无法给用户带来视觉上的享受，还可能让用户无法理解或产生反感和抵触心理。如果电商视频的视觉设计太过杂乱，如背景杂乱、文字杂乱等，就无法让用户看第一眼就产生好感，更不用说让用户对产品产生信任感了。

9. 视频的配音技巧

视频电商美工设计中，声音也是不可忽视的元素，尤其是在特定的产品与场景下，声音对于视频上热门甚至起决定性的作用。当然，这里的声音其实是一个总称，它包括视频的背景音乐、人声录音、背景音效、合成语音及产品使用过程中实时采集的声音等。

大家在刷视频的时候，可能会有深切的体会，那就是很多视频的音乐会让人很着迷。而当我们关闭声音后，就会发现这个视频好像少了什么，代入感瞬间就没有那么强烈了。

另外，商家也可以从产品或场景等方面去延展视频的意义，然后匹配一个与这个意义相符且调性一致的音乐。如展示海岛、海浪、大海等的旅行类视频，可以选择一些节奏轻快、富有动感的音乐，与画面的适配度高，能够使用户快速代入视频场景中。

课后实践

学习完本项目的内容后，认真完成表 5-10 的实践清单。

表 5-10　实践清单

儿童玩具的详情页视频设计制作	
实践任务	在全球速卖通平台上有一个经营儿童玩具的店铺，现要制作一个关于玩具的详情页视频，请自己寻找所需素材并为其设计制作出完整的详情页视频
实践目标	通过视频的形式，向用户展示店铺的精美儿童玩具，增加用户的购买兴趣，提高店铺的销量和知名度

续表

儿童玩具的详情页视频设计制作	
实践步骤	1. 确定实践主题和风格 （1）确定主题，例如“童趣无限，轻松享玩”或“用心制造，萌趣无限”等； （2）选择合适的主题色和风格，以吸引用户的注意、提升用户的购买欲望 2. 寻找素材 （1）在免费图片库中寻找高质量的玩具图片和相关素材或购买商业授权图片； （2）搜集优美的童话卡通、美式乡村等视觉元素，以增加视频的萌趣感； （3）搜集玩具使用效果和场景照片，以展示玩具的使用方式和场景 3. 设计视频布局 （1）使用设计工具或在线设计平台创建视频布局； （2）将素材巧妙结合，呈现自然的环境和场景体验，让用户在观看视频时感受到玩具的可爱和好玩； （3）添加文字标题、介绍等，使用户更容易了解玩具的特色和适用年龄 4. 制作视频 （1）使用视频编辑软件导入所需素材； （2）将素材剪辑成合适的视频片段； （3）添加合适的背景音乐或音效，以增加视频氛围和吸引力； （4）调整视频片段的顺序，适当加入转场效果和文字介绍，使其更加流畅、有序
实践提示	（1）在寻找素材时，选择高质量、高分辨率的照片，并确保其能够生动、切合主题； （2）在设计视频时，抓住用户眼球，利用卡通元素和优美视觉元素营造良好氛围； （3）在制作视频时，确保视频长度适中、文案吸引人、内容紧凑，可以在第一时间“抓”住用户； （4）添加背景音乐时，建议选择与主题相关、优美动听的音效，使观众能够轻松感受到玩具的乐趣
实践总结	

实践评价

完成以上实践清单后，认真完成表 5-11 的实践评价。

表 5-11　实践评价

评价内容	分值	得分
参与实践的积极性、主动性	25	
独立思考能力	25	

续表

评价内容	分值	得分
创新能力	25	
对视频美工的掌握程度	25	
教师点评：		

项目小结

视频美工设计制作涵盖视频拍摄准备、视频的构图与拍摄、视觉风格与内容设计等多个方面。

视频拍摄前，需要根据视频内容，选择合适的拍摄场地、设备、服装道具等，确保拍摄环境的整洁、有序，为后期制作打下基础。

在拍摄过程中，要根据视频主题和需求，选择合适的构图方式和拍摄角度，确保画面清晰、美观，突出视频主题。

在后期剪辑中，要根据品牌形象和目标用户群体，确定视频的视觉风格和内容主题，进行创意设计，运用各种视觉元素和特效，提升视频的观赏性和传播效果。

在实施过程中，需要不断调整和优化设计，关注市场趋势和竞争对手情况，提高用户体验和品牌形象。最终目标是制作出高质量、具有吸引力的视频作品，实现品牌传播和销售增长。

思考练习

1. **视频拍摄的构图技巧有哪些？**
2. **账号的视觉风格包装包括哪些方面？**
3. **电商视频人设类型有哪些？**

项目六

移动端视觉设计制作

项目导读

移动端视觉设计是指针对移动设备（如手机、平板电脑等）进行的设计制作，包括界面设计、图标设计、色彩搭配、布局等方面。设计人员需要了解移动设备的特性，如屏幕尺寸、分辨率、交互方式等，根据需求进行创意设计，运用各种视觉元素和色彩搭配，提升用户体验和品牌形象。制作人员需要掌握相关软件进行界面设计和图标绘制，最终完成高质量的移动端视觉作品。在制作过程中，需要关注市场趋势和竞争对手情况，不断优化设计，提高用户满意度。

学习目标

知识目标

（1）了解跨境电商移动端网店的页面结构和布局，掌握不同页面组成部分的功能和交互。

（2）学习移动端网店装修的基础知识，包括颜色搭配、排版规则、图文结合等，以提高页面的美观度和视觉效果。

（3）掌握移动端网店详情页面装修设计的技巧。

技能目标

（1）掌握移动端网店页面设计工具和技术。

（2）掌握移动端网店平台提供的装修工具及其功能。

素质目标

（1）培养学生良好的美学眼光和设计思维，提高其对颜色、布局和排版的敏感度。

（2）提高学生应用设计和装修技巧的灵活性，使其创造出符合目标客户需求的网店形象和风格。

思政目标

（1）培养学生的创新意识和实践能力，助其探索跨境电商发展的新需求和新趋势。

（2）培养学生的诚信和质量意识，从而确保其所做的产品描述和页面内容真实、准确、可信。

任务一　跨境电商移动端网店页面结构

移动端网店可以看作 PC 端网店的延续，在进行装修设计时要把握“用户体验”这一关键点。移动端网店主要依附于智能手机平台，智能手机让人与机器之间有了更亲密的接触与互动，所以与手机移动端中其他应用软件一样，在设计移动端网店页面时，要结合智能手机平台的特色，设计出更加注重交互体验与友好度的页面，这样才能赢得买家的喜爱，从而提高转化率。

扫一扫

移动端店铺首页装修

现在手机应用的界面设计风格普遍倾向于简洁、清爽的扁平化设计，这是因为去除冗余和繁杂的装饰元素后，手机应用的界面会变得更加干净、整齐，可以更直接地将重要的信息展示出来，在给用户带来更好的操作体验的同时，有效地减少了认知障碍的产生。作为一款手机应用，移动端网店的页面装修也应遵循这样的设计理念。

一、移动端网店页面的框架结构

跨境电商移动端网店页面结构主要包括导航栏、Banner 轮播图、商品分类和筛选、商品列表、商品详情页、购物车、订单确认页、用户个人中心、搜索页和底部信息，如图 6-1 所示。

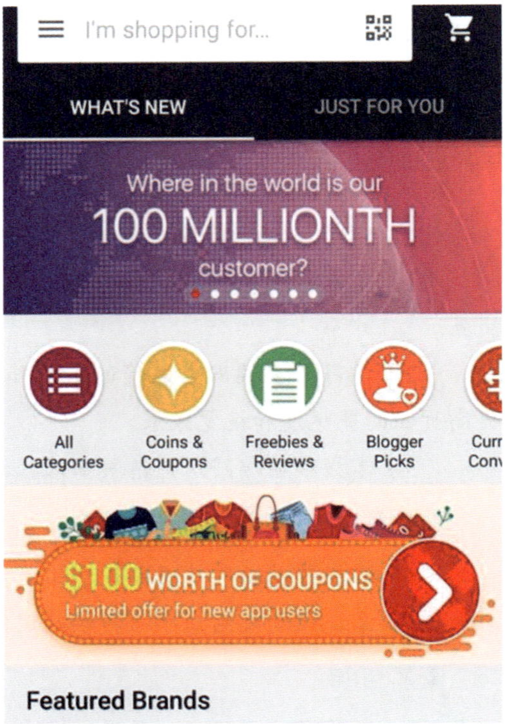

图 6-1　全球速卖通移动端页面框架结构

导航栏和分类筛选帮助用户浏览和搜索商品，商品列表和详情页展示商品信息，购物车和订单确认页处理购买流程，用户个人中心提供用户管理和服务，搜索页提供快速搜索功能，底部信息包含重要信息。整体设计旨在提供清晰的导航和良好的购物体验，以满足用户需求并增加购物便利性。最终目标是提高客户黏性，提升消费者的购物满意度，从而实现销售和品牌形象提升。

知识拓展

全球速卖通与淘宝移动端页面框架结构

全球速卖通和淘宝移动端页面框架结构在某些方面有相似之处，但也存在一些差异。

1. 相似之处

（1）导航栏

两者都有导航栏，方便用户浏览和导航到不同的页面。

（2）商品分类和筛选

都提供商品分类和筛选功能，帮助用户快速找到所需商品。

（3）商品列表和详情页

都有商品列表和商品详情页，可以展示详细的商品信息和图片。

（4）购物车和订单确认页

都提供购物车和订单确认页，方便用户管理购物车和确认购买。

2. 差异之处

（1）品牌定位和商品种类

全球速卖通更注重跨境贸易，以国际品牌和海外商品为主，而淘宝则涵盖更广泛的商品种类。

（2）用户评价系统

淘宝更注重用户评价系统，用户可以查看其他买家的评价以帮助购买决策，而全球速卖通的评价信息相对较少。

（3）设计风格和界面布局

两者在设计风格和界面布局上有所不同，以适应不同用户的喜好和习惯。

总体而言，两者的页面框架结构都致力于提供良好的用户体验和购物流程，但在一些细节方面可能有所差异，以适应不同的商业模式和目标用户群体。

二、跨境电商移动端网店图片尺寸要求

跨境电商移动端网店图片发布尺寸一般根据平台要求来定，以下是一些常见要求。

1. 商品主图

商品主图一般要求在 1 000 像素 ×1 000 像素到 2 000 像素 ×2 000 像素之间。平台要求图片尺寸越大越好，以展示商品细节。

2. 商品详细图

商品详细图一般要求在 750 像素 ×750 像素到 1 200 像素 ×1 200 像素之间。这些图片用于展示商品不同角度、细节或配件等。

3. 店招图

店招图一般要求为 720 像素 ×200 像素，图片格式为 JPG 或 JPEG。

4. 焦点图及 Mini Banner 图

焦点图及 Mini Banner 图一般要求为 720 像素 ×200 像素或 720 像素 ×360 像素。

5. 广告横幅

广告横幅一般要求在 750 像素 ×320 像素到 1 125 像素 ×450 像素之间。

6. 用户头像

用户头像一般要求在 200 像素 ×200 像素到 500 像素 ×500 像素之间。

提示

对于跨境电商移动端网店来说，图片质量和大小会直接影响用户体验和网页加载速度，所以上传图片前，最好先将图片进行优化和压缩，以便节省加载时间和网络带宽，提高网页访问速度和用户满意度。

任务二　移动端网店装修基础

移动端网店装修设计与 PC 端网店的设计思路基本是一致的，都是为了展示商品、展示网店与品牌、促进网店的持续发展。然而，PC 端网店页面中的全部内容不能简单地一键导入移动端网店，否则会出现 PC 端内容无法适应手机移动端的情况。在进行移动端网店的装修设计时，卖家要考虑到手机移动端的特点与属性，并进行合理的变化与调整。

一、保持网店设计风格的一致性

移动端网店整体的装修与设计要做到风格一致、首尾呼应，否则不利于网店整体设计风格的塑造。不同于 PC 端网店，手机移动端网店是一种狭窄的视觉展示，如果不依据网店品牌基调保持设计风格的一致性，网店形象的不鲜明感就会带来视觉的混乱体验，无法让用户对网店形成视觉记忆。

二、采用简单且便于操作的设计方式

智能手机让人们通过指尖便能轻松地互动，使操控变得更加随心所欲。这一特点也会影响依附于智能手机的移动端网店的装修设计。

在进行手机移动端网店的装修设计时，有的网店会直接套用 PC 端网店的设计方式，在手机移动端设计了可供用户进行缩放控制的页面尺寸。用户通过滑动手机屏幕对页面进行缩放控制，能清楚地浏览页面中的信息，如图 6–2 所示。

这样的设计方式看似解决了页面中信息过多、不能清晰显示的问题，但在一定程度上增加了用户的操作负担，原因如下。

当用户想完整地阅读详情页文字信息时，在未缩放的情况下，无须拖动界面，手机屏幕便可以展示完整的商品信息。

为了能够更清晰地阅读页面上的文字信息，用户需要点击图片，然后滑动屏幕，放大页面。

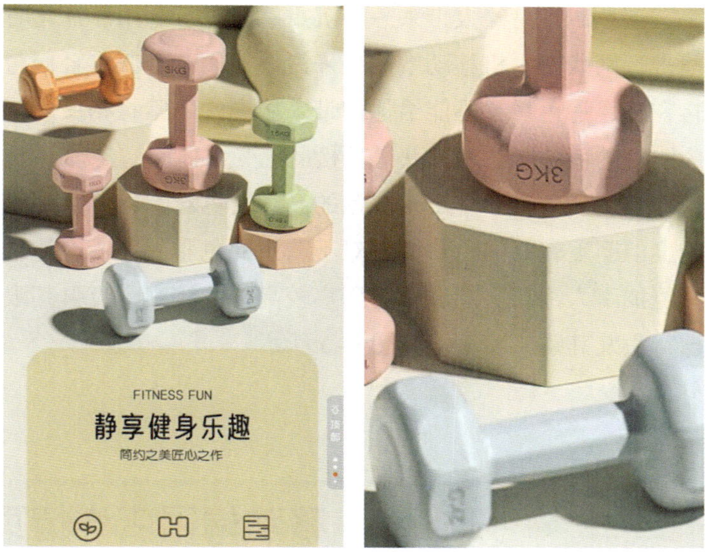

（a）　　（b）

图 6-2　商品页面缩放前和缩放后的效果

放大页面后，受手机屏幕尺寸的限制，页面中的信息不能在纵向或横向空间中完整地展示，用户需要左右上下拖动页面才能完整地浏览信息。

通过上面的操作用户确实可以看清手机屏幕页面中的信息，但需要经过滑动、左拖、右拖、上拉、下滑等一系列手势来完成。这样的操作会花费用户过多的精力与时间，让他们无法一心一意地进行购物，繁复的操作与交互设计很可能会给用户带来困惑与苦恼，甚至让他们失去浏览的耐心。

相比之下，无须进行缩放操作，只需伸出手指执行单一上拉或下滑手势便可以进行商品信息的浏览与阅读，这种简单且易于操作的方式更容易受到用户青睐。因此，在进行移动端网店的装修设计时，要简化一切不必要的设计，让用户不必因为多余的操作而忘记网购的初衷，这也是促进移动端网店销量增加的有效手段之一。

三、网店色彩的设计与选择

手机屏幕的尺寸有限，所以移动端网店的可浏览面积也相对较小，用户的视觉会受到限制。这时，除了文字需要进行精简以外，整体色彩也要具有鲜明感。

与 PC 端网店经常使用深色系的色彩来表现品牌的档次与众不同，手机移动端的显示范围相对集中，过于暗沉的用色可能会引起用户感官的不适。

在进行移动端网店的装修设计时，最好采用较为鲜亮的色彩，因为这样既能给用户带来较好的浏览体验，又能与电商平台所提供的背景相融合，让网店的整体设计风格更加统一与完整。

深色调容易给人带来一种沉重感，对于利用碎片化时间进行网购的手机移动端用户来说，他们希望获取轻松与自在感，深色系并不能给他们带来愉悦的体验；相反，较为明亮的色彩能让用户获得轻松的感受与体验。

鲜明的色彩不一定是鲜艳的高纯度色彩，也可以是低纯度但明度较高的色彩。相对于暗沉的色彩而言，这些色彩更加引人注目，能够获得用户较高的关注度，吸引其眼球，激发其购买冲动，如图 6–3 所示。

图 6-3　某家纺产品全球速卖通店铺移动端网店页面装修效果

任务三　移动端网店详情页装修设计

移动端网店的详情页设计，在借鉴 PC 端网店商品详情页设计方法的基础上，要注意迎合手机移动端的特点，控制好描述文字的大小与简洁程度，否则过小、过密的文字会让手机移动端用户不能很好地接收商品信息，容易造成流量的跳失。下面详细介绍移动端网店详情页的装修设计原则与方法。

一、详情页装修设计的 FABE 原则

简单来说，FABE 原则是一种通过 4 个关键环节来解答用户诉求，巧妙应对用户关心的问题，从而顺利实现商品销售诉求的销售模式，具体表现为 4 个方面，见表 6–1。

表 6-1　FABE 原则

FABE 原则的内容	作用
F——特征（Features）	介绍商品的特质、特性等基本功能，以及如何满足用户需求
A——优势（Advantages）	介绍商品的卖点与优势，向用户证明商品的卖点，给用户提供更多购买该商品的理由
B—利益（Benefits）	以用户利益为中心，告知并强调用户购买商品后会得到的利益，激发用户的购买欲望
E——证据（Evidence）	证据指第三方认知、新闻舆论或技术报告等信息，要有足够的权威性、客观性、可靠性与可见证性，这样才能获得用户的信任

FABE 原则告诉我们，针对用户不同的购买动机，将最符合用户需求与利益点的商品特色推荐给用户，是非常精准、有效的。在商品详情页的装修设计中，可以参照这样的思路让商品的描述更具诱惑力与说服力

详情页的描述相当于实体店中的推销员，过于死板的信息说明就像推销员的服务态度过于生硬一样，可能会让买家感到郁闷与生疏，使其早早关闭页面。在 FABE 原则的指引下，详情页应充满真实感、逻辑感、亲切感、对话感、氛围感、正规感，让商品描述变得更加符合网络的销售环境，以增加用户的购买动力。

1. 真实感

在实体店中，用户可以真实感受到商品，而网购时只能通过图片来了解商品，所以网店卖家需要模拟实体店的购物模式，保持商品的真实感，这样才能让用户更加放心地进行购买。同时，卖家还要保证商品的真实性，只有这样才能形成口碑，拉来回头客。

卖家在对商品特点进行介绍时，应从不同的角度展现商品的原貌，并添加细节说明，更加真实、全面地将商品呈现在用户面前，给其带来商品如同实实在在地呈现在眼前般的网购体验，如图 6-4 所示。

图 6-4　商品展示细节图片

2. 逻辑感

在进行移动端网店详情页的设计时，要注意描述的逻辑感。将商品受众群体最想看到的信息放置在页面顶端，以此为依据来确定商品详情页中信息的先后顺序，最终形成视觉漏斗模型中所表现的逻辑关系。

视觉漏斗模型中的逻辑关系其实就是 FABE 原则所体现的逻辑顺序，通过介绍商品的特征→商品特点→能给用户带来的利益点→证明商品质量的证据这 4 个步骤，在层层说明中一步步打消用户的顾虑，增强其购买信心，促成下单。

总之，在进行移动端网店详情页的设计时，除了需要注意描述本身语句的逻辑，为用户清晰、明确地介绍商品以外，还要在页面中体现具有营销效应的描述逻辑——让用户先看到其想看的信息，博取用户的眼球，然后添加有助于促进商品销售的各类信息，从而增强用户的购买欲望。

3. 亲切感

充满亲切感的图片设计与文字描述能够营造出一种轻松、愉快的购物氛围，拉近用户与卖家的心理距离，就像是一名温和而又有耐心的推销员，其亲切的服务态度能让用户放下戒备。添加更为贴心的服务项目与信息说明也能让用户感到贴心与亲切，如图 6-5 所示。

4. 对话感

作为虚拟的推销员，商品描述要具有对话感，这样不仅可以解决用户的疑问，还能让其获得身临其境的购物体验，提高购买的可能性。

5. 氛围感

用户在无形之中或多或少地会有“凑热闹”的心理，当看到某件商品有很多人买便想去看个究竟，或者想跟风购买。因此，在设计移动端网店的详情页时，要努力营造很多人都在争相购买的卖场气氛，这样的氛围会带动不少用户（尤其是冲动型用户）产生购买冲动。

6. 正规感

正规与规范带来的是信赖感与可靠感，因此移动端网店的详情页中不能忽略认证证书等能够证明商品正规性的信息展示，如图6–6所示。

图 6-5　添加更为贴心的服务项目与信息说明

二、移动端网店详情页设计的优化

移动端网店详情页浏览的连贯性不如PC端网店，并且用户的页面平均停留时间很短，所以在设计移动端网店的详情页时必须做到简单高效、直截了当。

移动端受屏幕尺寸限制，没有固定的分页页面，以方便用户进行多次快速浏览。商品的图片是否具有直观性，是能否吸引用户点击的决定性因素，因此，想要提升移动端网店的转化率，做好电商视觉设计优化，就应该把移动端网店详情页的图片优化放在首位。

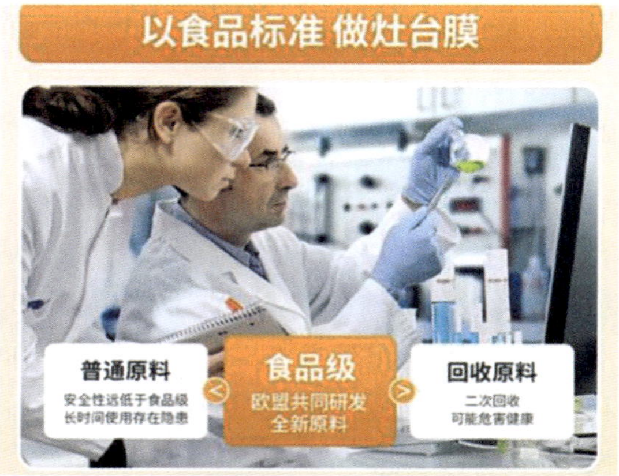

图 6-6　对话式商品描述

1. 图片的清晰度和尺寸

移动端的商品图片经常占到了商品页面屏幕的绝大部分面积。对于商品图片来说，图片的清晰度、尺寸大小都会影响商品在移动端的展示。移动端的商品主图建议采用长度、宽度比为1∶1的正方形，其他图片可选择长度大于宽度的长方形，如图6–7所示。

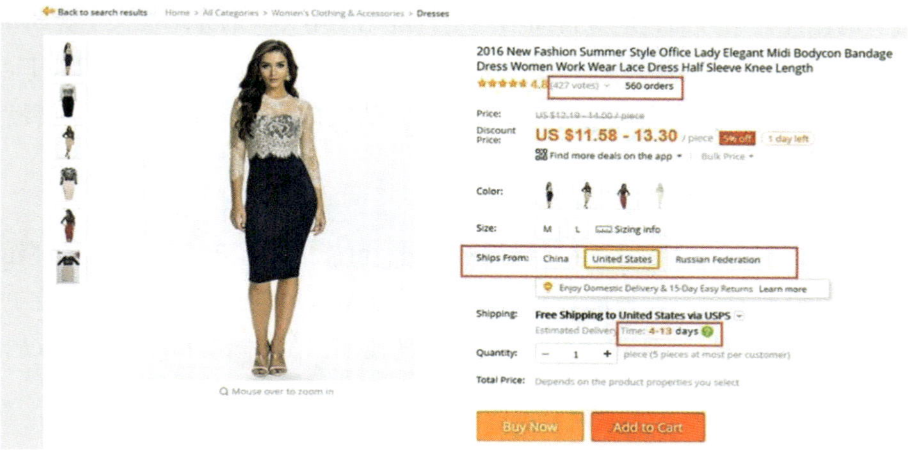

图 6-7　长条形商品图

2. 细节图

在移动端可以通过手势左右滑动查看商品的多张主图，非常方便，但是查看描述页面时需要再次点击进入页面。供应商应该充分利用好主图板块，通过多图、细节图尽量让买家通过主图就能大致了解商品的基本情况，如图 6–8 所示。

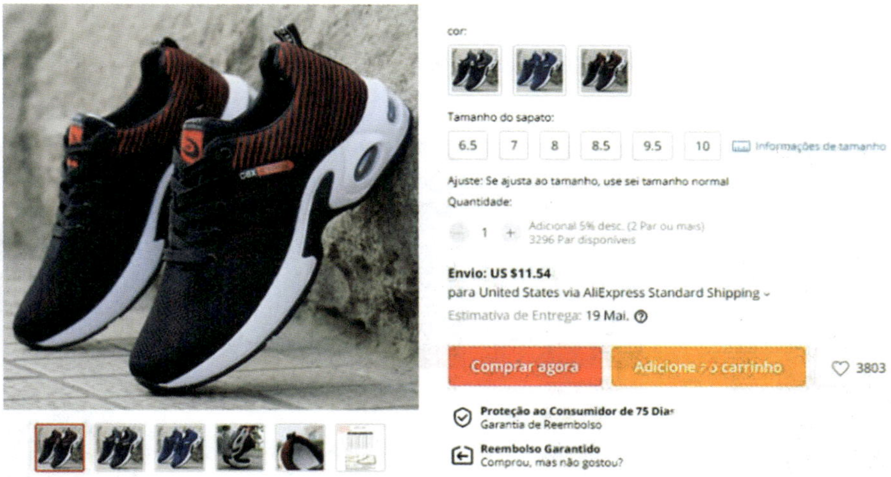

图 6-8　多角度展示产品

3. 慎用水印、边框

在商品图片设计上，应尽量避免添加过多的文字和水印。水印的存在可能会对图片的美观度造成负面影响。至于文字，由于在无线端可能难以清晰辨识，因此文字的添加应谨慎。店铺和品牌的 Logo 应放置在商品图片的上方或下方角落，但需确保不遮挡商品本身。此外，同一店铺内的 Logo 应保持位置统一，这有助于提升品牌形象，增强店铺的辨识度和认知度。边框建议不要使用，因为其在移动端的搜索页和产品列表页可能会影响商品的美观度，并对流量产生负面影响。

在首页的图片介绍方面，应保持简洁明了，避免使用冗长的介绍性文字。Banner 设计则应仅包含公司 Logo 和位于下方的公司服务宗旨。在橱窗的产品详细描述页中，可以在不影响产品信息展示的前提下，适当介绍公司的其他主打产品或强调公司的优势。然而，关联内容的穿插不应过分突出，以免喧宾夺主。

4. 控制图片的像素

移动端的用户在访问的时候，由于网络不稳定，可能出现打开过程中加载缓慢的情况。为了保证用户在移动端的打开速度、清晰度，图片像素应尽量调到最小。可以在 Photoshop 中将图片存为 Web 格式，并且通过调整“品质”的数字，在清晰度和像素之间取最佳值。

5. 注意背景和拼图数量

（1）主体

主体要大小适中，居中展示，不宜过大或过小，产品图片需完整。

（2）背景

背景建议采用浅色或纯色底，推荐使用白底（如浅色产品可用深色背景），不建议使用彩色底及杂乱的背景，这类背景大多会分散用户的注意力，但具体需要结合店铺的产品种类和目标客户进行设计，如图 6–9 所示。

此外，产品主体应该在图片中突出展示，且拼图数不可过多，商品主体图片最好是 1 ～ 3 张，不建议 3 张以上，数量太多在无线端显示清晰度不是很高，会影响引流和转化，如图 6–10 所示。

图 6-9　产品主图背景

图 6-10　主体拼图过多

6. 展示风格统一

首页各大板块以及产品主图等的风格、色调要保持一致，忌五颜六色各种拼凑。例如，在国际站店铺中的橱窗产品，根据公司分工的不同，可能交由不同业务员来打理，不同业务员会使用不同风格的产品图片，那么就会导致橱窗产品整体缺少统筹性和系列性。

7. 定期更新视觉效果

做好数据统计和竞争对手的习惯分析，了解哪种类型的店铺和产品视觉组合效果有更高的客户引流和转化率，以此为依据，对老旧的视觉设计进行更新替换，增加客户的新鲜度和好感度，进而吸引并留住更多客户。

任务四 店招、焦点图及 Mini Banner 的设计

移动端店招、焦点图和 Mini Banner 是在跨境电商平台的移动端界面上用于促销和宣传的重要元素。它们的设计和放置能够吸引用户的注意力，提升品牌形象，增加用户的点击率和转化率。

在设计这些移动端元素时，需要遵循简洁明了的设计原则，突出品牌形象，使用高清图像、引人注目的标题和简短的文字描述。此外，也要考虑移动设备的屏幕尺寸和分辨率差异，以确保设计在各种设备上都能够良好展示。

店招、焦点图和 Mini Banner 的设计应与品牌形象一致，传达特定的信息和价值主张，鼓励用户进行购买、参与活动或与品牌进行互动。应定期优化和更新这些元素，以适应市场趋势和用户需求的变化，并通过测试和数据分析来确定最有效的设计方案。

一、移动端店招、焦点图及 Mini Banner 的设计要点

1. 简洁明了

移动端屏幕较小，设计要简洁明了，避免过多花哨的元素和不必要的文字。突出主题，一目了然。

2. 高质清晰

确保图像质量高，能够在小屏幕上清晰展示，不模糊或失真。使用高品质、高分辨率的图像。

3. 引人注意

采用醒目的颜色和较高的对比度，使店招、焦点图和 Mini Banner 能够在页面上突出，并吸引用户的眼球。

4. 标题醒目

使用醒目的标题文案，突出产品特点或活动吸引力，激发用户的兴趣，如图 6-11 所示。

图 6-11　店招标题示例

5. 文字简洁

对于焦点图和 Mini Banner 而言，应使用简洁明了的文案，尽量不需要用户过多阅读。

6. 按钮清晰

给店招、焦点图和 Mini Banner 添加明显的按钮或指示，使用户知道可以点击并获取更多信息。

7. 品牌一致性

确保店招、焦点图和 Mini Banner 的设计和品牌形象保持一致，使用统一的标志、颜色和字体。

8. 色彩搭配

选择合适的配色方案，使店招、焦点图和 Mini Banner 的颜色能够引起用户的情感共鸣，并与品牌形象相符。

9. 移动友好

考虑不同移动设备的屏幕分辨率和尺寸，保证设计呈现在不同设备上都能有良好的效果。

10. 测试和优化

在设计后应进行测试和优化，确保店招、焦点图和 Mini Banner 的效果和用户体验都符合预期。

二、设置店招、焦点图和 Mini Banner 的注意事项

设置店招、焦点图和 Mini Banner 应注意以下事项。

（1）根据平台要求和移动端显示特点进行尺寸调整，确保图片和文案的清晰度和可读性。

（2）确保店招、焦点图和 Mini Banner 的风格、内容与品牌形象和宣传活动保持一致。

（3）如果平台提供了 A/B 测试功能，可以尝试不同的设计和文案组合，以确定取得

最有效的促销和宣传效果。

（4）定期评估和更新店招、焦点图和 Mini Banner，以适应市场变化和用户需求。

案例导入

移动端店招、焦点图及 Mini Banner 的设置

某全球速卖通店铺需要设置店招、焦点图及 Mini Banner，设置步骤如下。

1．店招设置

移动端店招的基本设置流程如下。

（1）登录到跨境电商平台的后台管理系统。

（2）点击“店铺”，然后点击“店铺装修及管理”，如图 6–12 所示，接着点击“进入装修”按钮。

（3）选择适合移动端的店招模板或自定义设计。

（4）上传店招图片或选择平台提供的图片素材，并进行尺寸和布局调整。

（5）添加店招的相关文案、优惠信息或活动介绍等，并设置点击链接或跳转目标。

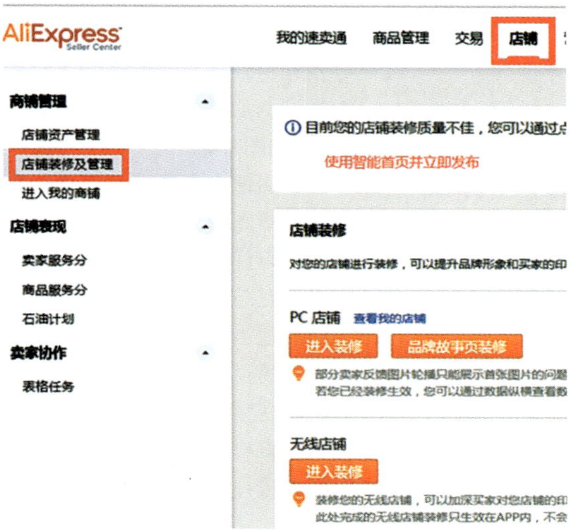

图 6-12 店招的基本设置流程

2．焦点图设置

移动端焦点图的基本设置流程如下。

（1）进入店铺装修页面，在焦点图相关设置处找到焦点图管理入口。

（2）选择要设置的焦点图模板或自定义设计。

（3）上传焦点图图片，并根据平台要求进行尺寸和布局调整。

（4）为每个焦点图添加标题、描述文案和点击链接，可以设置跳转到商品详情页面、促销页面或其他目标页面。

3．Mini Banner 设置

移动端 Mini Banner 的基本设置流程如下。

（1）进入店铺装修页面，找到 Mini Banner 相关设置入口。

（2）根据平台提供的模板或自定义设计要求，选择合适的 Mini Banner 模板。

（3）上传 Mini Banner 图片并调整尺寸，以适应移动端展示。

（4）为每个 Mini Banner 添加标题、描述文案和点击链接，确保与目标页面或活动相关。

课后实践

学习完本项目的内容后，认真完成表 6-2 的实践清单。

表 6-2　实践清单

美食店铺移动端首焦轮播图设计制作	
实践任务	在全球速卖通平台上有一个经营特色美食的店铺，现要制作一个移动端首焦轮播图，请自己寻找所需素材设计
实践目标	通过制作移动端首焦轮播图，吸引用户注意，展示店铺的特色美食，提高店铺知名度和用户转化率
实践步骤	1．确定主题和样式 （1）确定移动端首焦轮播图的主题，例如“品味独特、美食探索”等； （2）根据店铺的特色和目标受众，选择相应的样式，例如清新自然、时尚现代等。 2．寻找素材 （1）找到与店铺主题和特色相匹配的图片素材，可以使用免费图片库中的图片或购买商业授权的图片； （2）搜集店铺内部环境和美食的高清照片，确保素材质量。 3．设计轮播图布局和动画效果 （1）使用设计工具，例如 Photoshop 等，创建移动端首焦轮播图的布局； （2）将素材与店铺信息，如店名、口号、特色菜品等结合，设计出吸引人的排版效果； （3）添加适当的动画效果，如渐变、切换、淡入淡出等，增加视觉冲击力和吸引力。 4．制作详情页视频 （1）使用视频编辑软件导入设计好的素材； （2）调整素材的尺寸和时长，确保适应移动端的观看需求； （3）可以选择与店铺特色和主题相关的音乐或声效，增强视听体验
实践提示	（1）在寻找素材时，注意选择高质量的照片，并确保其与店铺的特色相契合； （2）设计轮播图时，注意保持简洁和易读性，尽量避免过多的文字和复杂的布局； （3）在制作详情页视频时，注意调整素材的时长，确保整个轮播过程流畅而不过长； （4）添加背景音乐时，选择与店铺氛围相符合且不过于喧闹的音乐，以提升用户观看体验
实践总结	

实践评价

完成以上实践清单后，认真完成表 6-3 的实践评价。

表 6-3　实践评价

评价内容	分值	得分
参与实践的积极性、主动性	25	
独立思考能力	25	
创新能力	25	
对移动端首焦轮播图设计制作的掌握程度	25	
教师点评：		

项目小结

移动端视觉设计制作是针对跨境电商移动端网店的设计制作，包括页面结构、基础装修、详情页面设计、店招、焦点图及 Mini Banner 的设计等多个方面。

首先，要根据产品类型和目标用户群体，设计合理的页面结构，提高用户体验和转化率。

其次，要根据移动设备特性，选择合适的色彩搭配、图片处理、文字排版等基础装修元素，营造专业、易用的视觉效果。

在网店详情页面装修设计时要提供详细的产品信息、规格、价格等，突出卖点，同时优化交互设计，提高转化率。

店招、焦点图及 Mini Banner 的设计要突出主打产品或服务，提升品牌形象和用户体验。

在实施过程中，需要不断优化设计，提高品牌形象，最终目标是打造美观、专业、易用的移动端网店，提高销售额。

思考练习

1. 在进行移动端网店的装修设计时适合选择什么色调？为什么？
2. 移动端店招的基本设置流程有哪些？
3. FABE 原则的具体内容有哪些？

参 考 文 献

[1] 蒋珍珍 . 短视频电商美工：视觉营销 + 视频拍摄 + 剪辑调色 + 爆款制作 [M]. 北京：北京大学出版社，2023.

[2] 张磊，罗立明 . 网店美工设计：Photoshop 案例教程：视频指导版 [M]. 2 版 . 北京：人民邮电出版社，2023.

[3] 闫寒，乔哲 . 跨境电商美工实务 [M]. 2 版 . 北京：中国人民大学出版社，2022.

[4] 段建，张瀛，张磊 . 网店美工：第 3 版：全彩微课版 [M]. 3 版 . 北京：人民邮电出版社，2021.

[5] 彭敢，魏盈盈，高旭 . 网店美工 [M]. 北京：电子工业出版社，2022.

[6] 冯德华，王毅，曹培强 . 网店美工实操：淘宝天猫店铺设计与装修 [M].2 版 . 北京：电子工业出版社，2021.

[7] 刘畅 . 设计无忧：电商美工 Photoshop 实战技术：视觉 / 装修 / 配色 / 字体 / 排版 / 海报 / 详情 / 移动端 [M]. 北京：清华大学出版社，2021.

[8] 樊斌 .Cinema 4D 电商美工与视觉设计案例教程：培训教材版 [M]. 北京：人民邮电出版社，2020.

[9] 朱海燕，曹前 . 网店美工实务 [M]. 杭州：浙江大学出版社，2021.

[10] 金贵朝，盛磊，苏丹娣 . 电商美工 [M]. 杭州：浙江大学出版社，2019.